발성 및 의사전달

본 교재는 교육부의 「전문대학 혁신지원 사업」 사업비를 받아 제작한 것입니다.

발성 및 의사전달

초판 인쇄 2020년 1월 28일
초판 발행 2020년 1월 31일

지은이　강수진·김동권·오세준·한두흠
펴낸이　박찬익
편집장　한병순
펴낸곳　㈜**박이정**
주　소　서울시 동대문구 천호대로 16가길 4
전　화　02)922-1192~3
팩　스　02)928-4683
홈페이지　www.pjbook.com
이메일　pijbook@naver.com
등　록　2014년 8월 22일 제305-2014-000028호

ISBN　979-11-5848-451-4 03700

발성 및 의사전달

Natural Voice and Communication

강수진·김동권·오세준·한두흠 지음

(주)박이정

서문

말을 잘하는 것은 타고난 재능이 아니라 훈련에 의한 결과라고 많은 사람들이 말해왔다. 같은 신념을 가지고 우리는 이 책을 통하여 말로써 나의 의사를 효과적으로 잘 전달하는 데에 도움이 되는 방법들을 탐색하고자 한다.

우리는 일상생활에서 어떤 사람들과 의사소통을 할 때 "조금만 더 또렷하게 얘기해줬으면 좋겠는데……."라고 느낄 때가 있다. 어쩌면 나 자신이 다른 사람들로부터 "웅얼거리지 말고 또렷하게 얘기해 봐"라는 말을 종종 들으면서 속상해 할지도 모르겠다. 또 누군가는 "나는 특별히 안 되는 발음은 없는 것 같은데 왠지 모르게 말이 깔끔하게 들리지가 않아"라며 답답해하기도 하고 "나는 왜 이렇게 목소리가 높고 얇지?" 라든가 "나는 왜 이렇게 목소리가 작은 걸까?"라며 남몰래 고민하기도 한다.

주로 이러한 문제들에 대한 인식과 해결 노력으로부터 출발하여, 사적인 말하기와 공적인 말하기 모두에서 우리 말의 전달력을 높이기 위한 몇몇 노력의 방향들을 이 책은 독자들에게 제시하고 있다.

이 책은 특정 분야의 전공자들에게 전문적 지식을 전달하기 위해 계획되고 만들어진 것이 아니다. 그렇지만 이 책이 안내하고 있는 방향을 따라서 가다 보면 독자는 자연스럽게 어떤 전문적인 영역으로 자신이 발을 들여 놓고 있음을 깨닫게 될 것이다. 이 책은 그러한 성장을 의도하고서 만들어졌다.

완성이 아닌 "성장"을 전제로 하기에, 이 책은 모든 것에 대한 정답을 제공하려 하지 않는다. 그러므로 이 책에서 어떤 한계를 발견하고 자신의 훈련을 위해 다른 책들을 더 읽어보아야겠다는 생각이 독자에게 든다면, 그것이야말로 우리 저자들이 바라고 있으며 환영하는 일이다. 더 전문적으로 참고할 수 있는 책들과 위대한 책들이 서점과 도서관에 많이 있다. 이 책은 우리 저자들의 목소리로 그 책들에 대한 후속 독서와, 이어지는 훈련을 유도하기 위해 만들어진 것이다.

이 책을 만드는 것은 우리 저자들에게도 또 하나의 성장이 되는 경험이었다. 우리들은 이 책을 읽으며 훈련하는 독자들과 학생들의 모습을 애정 어린 상상의 눈으로 그리면서 원고를 쓰는 동안 행복했고, 서로 양보하고 배려하는 과정을 통해서 저자들 간의 인간적 신뢰가 돈독해져가는 것을 느낄 수 있었다. 이 모든 것이 축복받은 성장의 과정이라고 할 만하다.

아무쪼록 이 책이 많은 분들에게 도움이 되었으면 좋겠다. 더 편하게 읽을 수 있는 책이 되도록 하기 위해서 이 책에서는 학문적 관행을 따르는 방식으로 주석이나 참고문헌을 표기하지는 않기로 했다. 어휘나 문체 등의 측면에서도 보다 쉬운 책이 되도록 하기 위하여 노력했으나 미흡한 점이 많은 줄로 안다. 미흡한 점들에 대해서는 앞으로 개선의 노력이 있게 될 것이다.

그리고 이 책에 들어간 호흡 및 발성 훈련의 사진들에 모델로서 출연해 준 용인송담대학교 연기예술과의 제자 주지영 양, 박진석 군에게 깊은 사랑과 감사의 마음을 전한다.

2020년 1월

강수진

1장
자기 진단

■ 말하기의 중요성

나는 인사담당업무만 10년째 보고 있다. 사람들이 우리 회사에 입사했다는 것은 어떤 업무가 주어져도 처리할 수 있는 능력이 있기 때문이다. 그런데 어떤 사람은 더 좋은 성과를 내고 승진하고 어떤 사람은 퇴출되는가 하면 주어진 업무만 간신히 하는 사람들이 있다. 이들 사이에는 큰 다리가 있다. 바로 '말'이라는 다리다. 말을 제대로 잘하는 사람은 그 다리로 원하는 목표에 쉽게 이르고, 그렇지 못한 사람은 그 다리가 오히려 위험이 될 수 있다. 자칫 다리를 넘는 중간에, 다리가 무너질 수 있기 때문이다. 나는 '말이 곧 능력'이라는 것을 확신한다. 또한 인사업무를 보면서 많은 사람들이 자신의 말주변 때문에 고민하는 것을 보았다. 나 또한 커뮤니케이션의 부족을 느끼고 산다. 어떤 상황에서도 자신 있게 말을 잘하고 싶은 것은 모든 사람들의 욕망이다. — 모 대기업 인사담당 팀장

나는 결혼한 지 15년이 되었다. 그런데 항상 우리집 부부싸움의 원인 제공자다. 늘 후회하지만 쉽게 고쳐지지 않는다. 앞뒤 가리지 않고 불쑥 던진 말 한마디가 아내의 자존심을 상하게 한다. 늘 내 입장에서 일방적으로 쏘아붙이듯이 말한다고 아내는 투덜댄다. 그러면서 아내가 올바른 소리를 해도 나는 귀담아 경청하는 습관이 되어 있지 않다. 늦은 감은 있지만 말을 제대로 하는 법을 익히는 것이 원만한 부부관계를 유지하는 비결이라는 생각이 든다. 사소한 말 한마디가 불씨가 된다는 것을 세상 사람들에게 내 경험을 통해 말하고 싶다. — 모 대기업 간부

나는 취업 재수생이다. 남부럽지 않은 영어 실력과 학점을 갖고 있지만 늘 면접에서 실패한다. 이 달 들어서만 다섯 번 면접을 봤다. 그런데 면접관 앞에만 서면 나는 눈앞이 보이지 않고 혀가 굳어버린다. 아무리 예행연습을 하고 만반의 준비를 해도 조리 있게 말을 못 하는 병을 앓고 있는 것 같다는 생각이 든다. 최근에 본 기업체의 면접관은 이런 질문을 했다.

"최근에 신나게 웃어본 일을 생생하게 말해 보시오."
나는 한참이나 망설이다가 머리를 긁적거리며 이렇게 말했다.
"없는 거 같은데요."
그러자 면접관은 이렇게 한마디 했다.
"가보세요." ─ 모 취업 재수생

(임붕영 저, 『1% 리더만 아는 유머 대화법』에서)

우리는 매일매일 말을 하면서 살아간다. 그리고 말이 인간의 가장 중요한 소통 수단이라는 것은 우리 모두가 아주 잘 알고 있다. 그러니 우리가 의식적으로 그리고 무의식적으로 뱉어내는 모든 말들이 우리 자신에게 긍정적인 결과를 가져올 수 있도록 훈련하도록 하자.

말하기의 중요성이나 말하기 훈련의 중요성을 강조하기 위하여 인용할 수 있는 말들은 너무 많다. 그것들 중에서 우리는 미국의 유명한 방송인 래리 킹이 자신의 저서 『대화의 법칙』에서 했던 말만을 다시 한 번 음미해 보고, 우리 자신도 말을 잘 하는 사람이 되기 위해서 꾸준히 노력하겠다고 결심해 보도록 하자. 래리 킹은 다음과 같이 말했다.

> 대부분의 성공한 사람들은 말을 잘한다. 거꾸로 말하면, 말 잘하는 사람이 성공한다는 말이다. 이것은 놀랄 일도 아니다. 만일 당신이 말 잘하는 능력을 개발한다면(분명 개발할 수 있다.) 당신은 성공할 것이다. 당신이 이미 성공한 사람이라면, 더 나은 화자話者가 됨으로써 더 큰 성공을 이룰 수 있다.
>
> 자기 자신을 표현할 수 없는 사람도 성공할 수 있다고? 난 그런 사람을 한 번도 보지 못했다. 어쩌면 그들은 사적인 대화에 서툴거나 대중 앞에서는 말을 잘 못할 수도 있다. 하지만 꼭 필요한 자리에서 그들은 아주 말을 잘하여 성공을 쟁취하거나 때로는 위대해지기까지 한다.

말을 잘하도록 하기 위해서 우리는 우리의 호흡과 발성부터 연구해 나가기로 하자. 그래서 편하고 자연스러운 소리를 내고, 다양한 소리의 공명 공간들이 우리가 내는 소리에 모두 작용하여 풍부하고 다양한 질감을 가진 매력적인 목소리가 나올 수 있도록 하자. 훈련들을 통해 막힘없이 자유롭게 목소리를 내는 경험이 생기고, 자기 목소리에 새로운 질감이 생겨나고, 이전에는 알지 못했던 새로운 소리를 발견하며 넓어진 음역대를 경험하여 자신의 목소리에 자신감을 갖게 되면 말을 하는 것이 점점 즐거워지게 될 것이다. 그리고 그런 즐거움을 토대로 하여 다음 단계의 의사전달, 메시지 전달에 대한 다른 필요한 기술들도 차근차근 훈련해 가도록 하자.

이러한 우리의 과정 혹은 여정을 시작하기 전에, 우리 자신이 말하기와 관련하여 어떠한 위치나 입장에 있는지를 진단해 보도록 하자. 작가 임붕영은 자신의 책 『1% 리더만 아는 유머 대화법』에서 '커뮤니케이션 지수(CQ, Communication Quotient)'라는 개념을 소개하고 있다. 이 개념은 내가 얼마나 소통을 잘하는 사람인가를 측정해 보는 데에 매우 도움이 된다. 우리도 이 개념의 도움을 받아서 우리가 얼마나 소통에 능한지, 소통과 관련하여 나는 어떠한 자질을 가지고 있는지 알아보기로 하자.

다음의 '경청지수', '질문지수', '설득지수', '유머지수'를 측정하는 문항들에 따라 점수를 매겨 보자. 그리고 그 매겨진 점수들을 합산하고 4로 나누면 나의 '커뮤니케이션 지수'가 나온다.

먼저 '경청지수'를 측정하는 다음의 다섯 개 문항들에 대하여 1점부터 5점까지 자기 자신에 대하여 점수를 매겨 보자.
① 경청의 중요성을 잘 안다.
② 평소 경청하는 습관이 있다.
③ 상대방을 배려하는 편이다.
④ 긍정적인 피드백을 주는 편이다.
⑤ 대화중에 선입견을 갖지 않는다.

이제 '질문지수'를 측정하는 문항들을 가지고 자기 자신에 대하여 1점부터 5점까지의 점수를 매겨 보자.
① 질문의 중요성을 잘 안다.
② 질문하는 습관을 갖고 있다.
③ 긍정적인 질문을 하는 편이다.
④ 질문을 통하여 원하는 것을 얻는다.
⑤ 질문이 좋은 대화를 이끈다.

다음은 '설득지수'를 측정하는 문항들이다. 이것들에 답하면서 1점부터 5점까지 자기 자신의 점수를 매겨 보자.
① 윈윈 대화를 만들어간다.
② 공감하는 분위기를 리드한다.
③ 상대방 중심의 언어를 사용한다.
④ 간단하고 핵심적인 말을 한다.

⑤ 긍정적인 언어를 사용하는 편이다.

마지막으로 '유머지수'와 관련한 문항들이다. 이것들에 대하여 점수를 매겨보자.
① 재미있게 말하기 위해 노력한다.
② 유머능력계발을 위해 노력한다.
③ 감성적인 언어를 구사한다.
④ 유머로 분위기를 리드해 나간다.
⑤ 상대방의 유머에 적극적으로 반응한다.

이러한 문항들에 대하여 답했으면, 점수를 계산해 보도록 하자. 가령, '경청지수'의 다섯 개 문항 각각에 대하여 자기 나름대로 1점에서부터 5점에 이르는 점수 중의 하나로 답했으면, 그 다섯 개의 점수들을 합산한 다음 5로 나누어서 평균값을 내는 방식이다.

이런 식으로 네 개의 지수들, 즉 경청지수, 질문지수, 설득지수, 유머지수의 점수를 계산해 낸 다음에, 이것들을 다시 4로 나누어서 평균값을 계산해 낸다. 그러면 그 평균점수가 나의 CQ(커뮤니케이션 지수)가 된다.

CQ 지수가 4.5 이상인 사람은 대인관계에 부족함이 없는 "달변가"에 속한다. 이런 사람들은 협상가나 세일즈맨, 강사 등으로 성공할 가능성이 크다고 한다. CQ 지수가 4.0 이상인 사람들은 말하는 능력이 우수한 편에 들어가는 사람들이다. 이런 사람들은 조금 더 커뮤니케이션 감각을 증대시키기 위한 노력이 필요하다고 할 수 있으나, 그래도 말을 잘하는 편에 속하는 사람들이라고 한다. CQ 지수가 3.5 이상이면 평범한 수준에 속하고, 그 밑으로 3.0까지의 사람들은 설득력이 부족해서 협상이나 대인관계에서 밀리게 되는 부류가 된다. CQ 지수가 3.0 이하이면 말주변이 없어서 따돌림을 당하기 쉬운 유형에 속하게 된다.

■ **마음을 닫게 하는 대화 비결 10계명**

1. 처음부터 끝까지 내 이야기만 늘어놓는다.
2. 상대방이 말을 끝내기 전에 도중에 끼어든다.
3. 상대가 거부감을 느끼는 주제를 찾아 화제로 삼는다.
4. 맞장구 대신 엇장구를 쳐서 대화에 김을 뺀다.
5. 딴 생각을 하고 있다가 이미 했던 얘기를 되묻는다.
6. 무슨 말이든 무관심하고 시큰둥한 태도를 보인다.
7. 쳐다보거나 고개를 끄덕이지 않고 웃지도 않는다.
8. 딴전을 피우고 다리를 떨거나 하품을 한다.
9. 말하는 사람 대신 다른 사람에게 관심을 보인다.
10. 내 말은 옳고, 상대가 틀렸음을 기를 쓰고 증명한다.

(이민규 저, 『끌리는 사람은 1%가 다르다』에서)

말하기에 관한 한 나는 어떤 위치 혹은 입장에 처해 있는가?

이번에는, KBS 최초의 여성 아나운서 실장이자 여성 아나운서로서는 최초로 KBS에서 정년퇴직을 한 박경희 아나운서의 저서 『최고의 아나운싱』이 제공하고 있는 "자기 평가 목록표"를 이용하여 말하기와 관련된 자기 자신의 모습을 한 번 진단해 보자. 이 "자기 평가 목록표"는 원래의 용도가 현장의 방송인이나 방송인 지망생들을 위한 것으로서의 의미를 강하게 갖는 것이지만, 우리 모두의 '말하기'에 대해서 응용하고 진단해 볼 수 있는 지표들을 제시하고 있기도 하다.

〈박경희 아나운서의 "자기 평가 목록표"〉

1) 음성과 발성

높낮이	억지스러운 억양 패턴 없이 높낮이 표현이 자연스러운가?	예, 아니오
음성	콧소리가 있는가?	예, 아니오
	쉰소리이고 목에서 나는 소리인가?	예, 아니오
	쥐어짠 소리인가?	예, 아니오
발음	연음을 하지 않고 음절마다 끊어 읽는가?	예, 아니오
	음가를 하나하나 발음하는가?	예, 아니오

음운	음가 탈락이 있는가?	예, 아니오
호흡	호흡이 충분한가?	예, 아니오
	호흡 조절이 적절한가?	예, 아니오
	낭독하면서 호흡이 가쁜가?	예, 아니오
독해	원고의 내용을 이해한 것이 나타나는가?	예, 아니오
	방송을 듣고 나서 원고 내용을 말할 수 있는가?	예, 아니오
	원고 내용을 한 문장으로 요약할 수 있는가?	예, 아니오
	원고의 핵심어를 올바르게 찾았는가?	예, 아니오
표현	핵심어에 강세를 두었는가?	예, 아니오
	의미 파악을 하고 강조를 했는가?	예, 아니오
분위기	원고 분위기를 제대로 파악했는가?	예, 아니오
	과장된 연기, 표현, 감상적 낭독이었는가?	예, 아니오
	단락이 바뀔 때 변화된 표현을 했는가?	예, 아니오
	변화를 주며 분위기를 바꾸어 표현을 했는가?	예, 아니오
속도	내용에 적합한 속도를 유지했는가?	예, 아니오
	자연스러운 속도였는가?	예, 아니오
	속도의 변화가 적절했는가?	예, 아니오
자연스러움	자연스러운 구어체로 전달했는가?	예, 아니오
	읽지 않고 말하듯 했는가?	예, 아니오
	신뢰감을 주는 낭독이었는가?	예, 아니오
	성실한 낭독이었나?	예, 아니오
	모방을 하는 말투였는가?	예, 아니오
구절법	자연스럽게 끊어 읽었는가?	예, 아니오
	불분명하게 끊어 읽는가?	예, 아니오
	포즈(pause)가 적절하고 효과적이었나?	예, 아니오
에너지와 관심 수준	낭독자는 물론 청취자도 관심을 갖는가?	예, 아니오
	낭독을 활력있게 했는가?	예, 아니오
	무엇을 낭독하는지 파악되는가?	예, 아니오

2) 시각적 표현

외모	머리, 의상이 세련되었는가?	예, 아니오
동작과 자세	힘주지 않고 자세가 자연스러운가?	예, 아니오
	활기찬 자세인가?	예, 아니오
	시선 처리가 잘 되었는가?	예, 아니오
얼굴 표정	대본에 맞는 표정인가?	예, 아니오
	표정의 변화가 있는가?	예, 아니오
	고개 끄덕임이 자연스러운가?	예, 아니오

3) 자기 관리 계획

매일 호흡 연습을 하는가?	예, 아니오
특집 프로그램 진행이나 중계방송에 대비한 애드리브 연습을 하는가?	예, 아니오
어휘력 향상을 위해 꾸준히 독서하는가?	예, 아니오
다양한 장르의 독서를 하는가?	예, 아니오
다른 사람의 방송을 모니터 하는가?	예, 아니오
장기 목표를 세우고 있는가?	예, 아니오

연습 문제

우리는 각자의 '커뮤니케이션 지수' 혹은 CQ를 측정해 보았다. 그리고 박경희 아나운서의 "자기 평가 목록표"를 가지고 자신에 대해서 진단해 보았다. 자신의 느낌을 주변의 동료 혹은 친구와 나누고 토론해 보자.

2장

이완과 호흡

목소리를 잘 내고 싶을 때나 큰 소리로 말을 해야 할 필요성을 느낄 때, 우리는 일반적으로 목에 힘을 주어 소리를 세게 밀어내려고 하게 되는 경향이 있다. 음성이 우리의 목하고만 관련되고 목에서만 나오는 것이라고 생각하기 때문이다. 그런 생각을 가지고 목에 잔뜩 힘을 주면서 소리를 만들어 내려고 하다 보면, 아주 잠깐 동안은 내가 원하는 소리를 만들어 낼 수 있을지 모르지만, 곧 그 소리가 유지되지 못하고 흐트러지며 오히려 이전보다도 못하게 되기 쉽다는 것을 우리는 경험하게 된다. 그러니까 우리가 조금 더 듣기 좋은 목소리를 내거나 큰 목소리를 내려고 할 때 단지 목에 힘만 주는 것으로는 바람직한 결과를 얻을 수 없다는 것을 알 수 있게 되는 것이다. 그렇다면 "좋은" 목소리나 "큰 목소리", 혹은 "전달력이 있는" 목소리는 어떻게 하면 만들 수 있는 것일까?

목소리가 나오는 과정을 간략하게 정리를 해 보면 대략 이러하다.

① 입과 코에서 폐까지 이어진 소리의 통로가 열리고, 하고자 하는 말이 필요로 하는 양의 공기가 들숨으로 폐까지 들어온다.
② 몸 안으로 들어온 공기가 나갈 때, 성대가 부분적으로 닫히게 된다.
③ 공기가 들어올 때 팽창되었던 조직들과 근육들이 수축하게 되고, 나의 몸 밖으로 나가는 공기가 닫힌 성대를 통과하게 된다.
④ 공기가 점막으로 이루어진 성대 사이를 빠져나가면서 성대가 떨리게 된다. 이때 공기의 기류 에너지가

후두융기
갑상선
기관

폐

횡경막

(발성과 관련된 우리 몸의 구조. 최병학 저 『방송화술 NEW』에서 인용)

소리의 진동 에너지로 변환이 된다.

⑤ 소리의 진동의 에너지는 코와 입 등 몸속의 울림 장치들에 의해 확대되어 울려 퍼진다.

목소리는 목안의 후두 부위에서 만들어진다. 우리가 목에서 소리가 나온다고 막연하게 생각하면서 소리를 내고 있는 것은 이러한 이유 때문이다.

그러나, 음성이 만들어지는 위의 과정을 다시 한 번 잘 따라가 보면 목소리가 발생하는 근원이랄까 본질은 공기가 들어오고 나가는 것, 즉 호흡에서부터 시작한다는 것을 알 수 있다. 올바른 목소리의 발성은 호흡에서, 안정된 호흡에서 출발하는 것이다.

일반적으로 발성 훈련이 호흡훈련으로부터 시작하는 이유가 바로 여기에 있다. 이러한 소리와 호흡의 연관성을 제대로 알지 못한 채 목에만 집중해서 소리를 내려고 하면, 호흡이 음성이 만들어지는 데에 제대로 작용하지 못하고, 결국 부족한 호흡을 대신하기 위해 성대가 과한 역할을 떠맡게 된다. 이렇게 나오는 소리는 듣기에도 불편할 뿐 아니라 단조롭고 표현력이 없는 음성이 되고 만다. 뿐만 아니라 성대에도 무리가 생겨서 목이 쉬거나 성대에 돌기 같은 것들이 생기게 된다. 특히나 자신의 말이 아니라 주어진 텍스트를 전달해야 하는 배우 또는 방송인의 경우, 의도적으로 목소리를 통제해야 하는 경우가 많기 때문에 이러한 문제가 발생하기 더욱 쉽다. 호흡이 제대로 사용될 때 소리는 쉽게 나오게 되며 음성은 최대치의 효과를 가져 온다는 사실을 이해하면, 우리의 음성과 관련한 이런 문제들에 효과적으로 대처하기가 쉬워질 것이다.

이번 장에서 목표로 하는 호흡 훈련의 원리는, 얕고 짧은 습관적 호흡을 몸의 중심으로 떨어뜨려서 호흡이 소리 및 감정과 연결된 하나가 되어 나올 수 있도록 하는 것이다. 우선 자신의 고유한 호흡의 리듬을 관찰하는 것에서부터 훈련을 시작해 보자.

1. 이완과 호흡의 자각

첫 단계는 '이완'이다. 다음의 순서대로 몸의 긴장을 풀어보자. 이 연습 방법은 크리스틴 링클레이터(Christin Linklater)의 저서 『자유로운 음성을 위하여』의 이완 훈련법을 응용한 것이다.

① 자신의 몸에서 이루어지는 것들에 온전히 집중하기 위해서 바닥에 등을 대고 누운 상태로 눈을 감는다.

② 크게 심호흡을 하면서 엉덩이와 복부, 어깨의 긴장을 푼다.

③ 마음의 눈으로 자신의 발끝에서부터 정수리에 이르기까지를 천천히 훑어보자. 그러면서 혹시 몸에 긴장된 곳이 있으면 그 부분의 긴장을 풀고 이완시키도록 하자. 몸의 각 부분에 있는 긴장을 체크해 가면서 그 긴장들을 녹여 바닥으로 흘려보낸다고 상상하고, 몸의 긴장을 이완한다. 특히 어깨와 목, 턱처럼 쉽게 긴장이 생기는 신체 부위의 긴장들을 풀고 목구멍과 입술, 혀의 긴장도 모두 풀어본다.

④ 턱의 긴장이 풀리면 턱이 아래로 떨어지면서 입이 저절로 열리게 될 것이다. 혀는 혀끝이 입천장을 밀고 있거나 목구멍 쪽으로 당겨져 있지 않은지 확인해 보고 아랫니 뒤 잇몸을 따라 편안하게 내려놓는다.

⑤ 눈꺼풀과 미간, 이마 등의 긴장까지 모두 푼다.

⑥ 바닥에 놓여있는 내 몸의 무게를 느껴보자. 나의 몸을 중력에 온전히 맡긴다.

다음 단계는 '호흡의 자각'이다. 다음에 제시되는 순서대로 내가 어떻게 숨을 쉬는지 느껴보자.

① 한 손을 윗복부와 배꼽 사이에 올려놓고 공기가 몸 안으로 들어오고 다시 몸 밖으로 나가는 과정을 손으로 느껴보자. 이때 적극적으로 호흡을 하려하지 말라. 단지 공기가 들어오고 나가는 것을 수동적으로 관찰하면서 긴장을 이완한다.

② 공기가 몸 밖으로 빠져나가면, 긴장하지 않은 상태로, 호흡을 들이쉬지도 내쉬지도 말고 새로운 호흡이 들어올 때까지 잠시 기다린다.

③ 자기 호흡의 리듬을 관찰하면서 다음의 두 가지를 마음으로 되뇌인다.

> "내 몸 밖으로 나가는 공기는 내 몸의 긴장을 모두 가지고 나간다."
> "들어오는 공기는 내가 의식적으로 들이마시는 것이 아니며, 몸이 필요로 하면 새로운 공기가 몸 안으로 들어오도록 내버려 둔다."

④ 편안한 상태로 공기가 몸 안으로 들어오고 나가는 과정을 한동안 느껴 보자. 이때 공기가 들어오고 나가는 것은 입을 통해 이루어질 수 있도록 적당히 입이 벌어져 있어야 한다.

⑤ 입술에 침을 발라보자. 몸 안으로 들어오는 공기는 입술에 닿을 때 차갑고 몸 밖으로 빠져나가는 공기는 입술에 닿을 때 따뜻하다. 그 온도의 차이를 느껴보자.

⑥ 맨 아래의 갈비뼈 바로 밑에 위치한 횡격막을 마음의 눈으로 본다. 몸 안으로 공기가 들어오고 나갈 때마다 아래로 평평하게 내려갔다가 위로 둥글게 솟아오르는 횡격막의 움직임을 마음의 눈으로 그려보자. 계속해서 들숨과 날숨의 반복되는 리듬을 느껴보자.

그 다음 한 단계 더 나아가 보도록 하자. '안도의 한숨'을 쉬어 보는 것이다.

안도의 한숨을 쉬어 보는 데에는 그럴만한 의미가 있다. 우리는 앞으로 자신의 감정과 사고가 음성이 되어 표현되는, 즉 감정과 호흡과 소리가 하나가 되는 것을 목표로 몇 가지 연습을 하게 될 것이다. 슬픔, 분노, 기쁨, 질투, 감사, 그리움 등과 같이 인간이 느끼는 수많은 감정들이 음성을 통해 명확하게 잘 전달되게 하기 위해서는 호흡 훈련의 첫 단계에서부터 감정과 호흡을 하나로 연결하는 훈련을 하는 것이 매우 중요하다. 그런데 편안함을 느끼고자 하는 것이 인간의 가장 원초적인 감정이기 때문에, 많은 감정들 중에서도 안도의 감정으로부터 호흡 훈련을 시작하는 것이다.

편안함의 감정은 신체적, 육체적 긴장을 이완시키고 긍정적인 상태로 머물게 한다. 그러므로 '안도감'이라는 관념을 가지고 한숨을 쉬지 않도록 하자. 그렇게 나오는 한숨은 감정과 연결되지 않은 인위적인 한숨이다.

① 여전히 바닥에 누운 상태에서 '편안하다', 혹은 '다행이다'라는 안도의 감정에 젖어서, 한숨을 쉬고 싶은 충동이 느껴진다. 이러한 충동에 의해 보다 더 큰 호흡이 몸 안으로 들어오고 다시 더 큰 호흡이 몸 밖으로 나가는 것을 느끼게 될 것이다. 이때의 안도의 감정은 자신의 실제 경험이나 느낌, 사람 등과 연결된 것이 되도록 하자. 만약 안도감 혹은 편안함이라는 관념으로 한숨을 쉰다면 그것은 충동에 의해 발생된 것이 아닌 인위적으로 만들어진 한숨이 될 것이다.

② 다시 한 번 안도의 한숨을 쉬고 싶은 충동이 느껴지고, 그 충동에 의해 몸 안으로 많은 양의 공기가 들어와서 몸통의 더 깊은 아래까지 내려간다. 호흡이 골반까지 내려간다고 상상해보자. 공기는 다시 골반에서부터 안도의 한숨이 되어 몸 밖으로 나간다. 이것을 두세 번 더 반복하면서 안도의 감정과 호흡이 하나가 되어 몸 밖으로 나

가는 것을 느껴본다.

③ 몸 밖으로 나가는 한숨은 통제되거나 조절되지 않은 상태로, 막힘없이 자유롭게 몸 밖으로 날아가도록 한다.

④ 다시 자연적인 자기 호흡의 리듬으로 돌아온다.

이 단계에서 가장 중요한 것은 바로 자신 안에서 안도의 감정을 찾아오는 것이다. 처음 안도의 한숨 연습을 시작하게 되면 어쩌면 스스로가 원하는 만큼 자유롭게 한숨을 쉬지 못할 수도 있다. '편안함'의 감정에서 막힘없이 흘러나오는 긍정적인 한숨을 스스로가 충분히 만끽하지 못하는 것이다. 우리 일상의 삶은 매 순간마다 심리적, 육체적인 긴장을 요구한다. 그렇기 때문에 우리는 어쩌면 안도감이라는 근원적이고 긍정적인 에너지를 되찾아오고 다시 마음껏 누릴 수 있게 때까지 상당히 시간이 걸릴지도 모르겠다. 이 연습이 반복될수록 한숨은 점점 더 커지고 깊어지면서 스스로 편안함의 한숨을 즐길 수 있게 되는 것을 우리는 발견하게 될 것이다. 그러니 성급하게 생각하지 말고 여유를 가지면서 훈련을 즐기도록 하자.

2. 갈비뼈와 횡격막 호흡

이번에는 갈비뼈 주변의 근육을 이용한 호흡법과 횡격막 운동을 통한 호흡법을 연습해 보자. 호흡의 작용에 관여하는 세 개의 대표적인 근육들이 있다. 그것들은 횡격막, 복부 내부의 근육들, 그리고 갈비뼈들 사이에 존재하는 근육들이다. 이제부터 해 볼 연습은, 갈비뼈 사이의 근육들을 유연하게 이완하고 신축성 있게 만들어서 폐가 확장할 수 있는 공간을 더 만들고, 그럼으로써 호흡이라는 연료가 소리에 더욱 풍부하게 사용될 수 있도록 준비를 하는 것이다. 이 연습 방법은 주로 시실리 베리(Cicely Berry)의 저서 『배우와 목소리』에 소개된 훈련 내용을 응용하였다.

① 바닥에 등을 대고 누운 채로 무릎을 편안하게 세워서 허리가 바닥에 닿도록 한다. 등이 바닥을 따라 점점 넓어진다고 생각하면서 긴장을 푼다.

② 손목을 살짝 흔들어서 긴장을 풀고, 목을 양쪽으로 천천히 돌려 뒷목의 긴장도 푼다. 어깨도 긴장을 풀어 편안하게 떨어뜨리고 턱의 긴장도 푼다.

③ 양손을 갈비뼈의 가장 아래쪽에 편안하게 올려놓는다.

④ 코로 숨을 들이마시면서 갈비뼈가 확장되고 옆구리가 바닥을 따라 넓어지는 느낌에 집중한다. 입을 벌려서 큰 한숨을 내뱉는다. 몸 안에 공기가 남지 않을 때까지 끝까지 내쉰다.

⑤ 긴장을 풀고 기다렸다가 새로운 호흡의 필요성을 느끼면 다시 코로 천천히 들이마셨다가 입을 벌려서 호흡을 내뱉는다. 이때 가슴이 답답해지는 느낌이 들만큼 들이마실 필요는 없다. 윗가슴이 들리거나 어깨에 긴장이 들어오지 않도록 하면서 이것을 천천히 반복한다. 호흡이 들어가고 나갈 때마다 갈비뼈가 벌어졌다가 다시 제자리로 돌아오는 것을 손으로 느껴본다.

⑥ 이번에는 코로 천천히 들이마시고 여덟까지 세는 동안 입을 통해 내쉰다. 목구멍의 긴장을 풀어서 목과 입이 활짝 열린 상태로 한숨이 나갈 수 있도록 한다.

⑦ 호흡을 내쉬는 길이를 10, 15로 차츰 늘여가면서 이 연습을 몇 분간 반복한다.

① 긴장이 발생하지 않도록 유의하면서 한 손을 갈비뼈와 배꼽 사이의 복부에 편안하게 올려놓는다.

② 천천히 코로 호흡을 들이마신 다음 손이 올려진 복부에서부터 작은 한숨을 내뱉는다. 횡격막의 긴장을 풀어서 남아 있는 공기가 빠져나가게 한다.

③ 이 과정을 여러 번 반복하면서 폐로 공기가 들어오고 나가는 느낌에 집중한다.

④ 이번에는 코로 공기를 천천히 들이마시고 내쉴 때 공기 대신에 우리말 '허'에 가까운 짧은 소리(huh)가 손이 올려진 복부의 중심으로부터 빠져나간다. 이때 나오는 소리는 호흡이 섞이지 않은 명확한 소리이다. 남아있는 공기가 모두 빠져나갈 때까지 긴장을 풀고 기다린다. 다시 코로 새로운 공기를 들이마시고 이를 여러 번 반복한다.

① 이번에는 앉아서 해볼 수 있는 훈련이다. 양손을 귀 뒤쪽 머리에 살짝 얹어 놓은 상태에서 양 팔꿈치가 양쪽 방향을 향하게 잘 열어준 다음, 코로 깊게 공기를 들이마시고 입으로 내뱉는다. 이 자세는 어깨의 긴장을 잘 유발하므로 세 번 이상 하지 않도록 한다.

② 위의 자세에서 쉽게 열리던 갈비뼈의 느낌을 유지하려고 하면서, 양팔을 내리고 열을 세는 동안 갈비뼈 사이 사이를 공기로 채운다는 느낌으로 코를 통해 깊이 공기를 들이마신다. 잠시 기다렸다가 5초 동안 입으로 공기를 내쉰다. 갈비뼈 사이의 근육들이 몸 밖으로 나가는 공기를 통제하는 것을 느껴본다. 15초에 들이쉬고 5초에 내쉬기, 17초에 들이쉬고 3초에 내쉬기 등 다양한 길이로 호흡해 본다.

③ 이번에는 횡격막 근육으로 날숨을 쉬어보자. 갈비뼈 아래 부분에 손을 올려놓고 코를 통해 공기가 들어올 때 횡격막이 아래로 내려가는 것을 느낀 후, 횡격막에서 짧은 호흡으로 공기를 내쉰다. 남아있는 공기가 빠져나가도록 기다렸다가 다시 횡격막이 내려가면서 공기가 들어온다. 다시 횡격막에서 짧게 한숨이 터져나간다.

④ 위의 과정을 다시 반복하되, 이번에는 횡격막에서 공기가 터져 나갈 때 호흡 대신 진동의 한숨이 스타카토처럼 터져 나가도록 하자. 코로 공기가 들어오고 횡격막, 즉 명치 끝에서 진동이 짧게 터져나가는 것을 반복하되, 이때 나가는 진동은 호흡이 섞이지 않은 백 퍼센트의 진동이어야 한다.

⑤ 빠르게 코로 들이쉬고 3에서 5초에 걸쳐 진동이 횡격막에서 터져나간다. "허어- / 허어- / 허어- / 허어어- / 허어어- / 허어어어- / 허어어어-"에 가까운 소리다. 이것을 템포감 있게 계속 반복한다.

3장

소리의 진동과 발성

이번 장에서는 호흡과 소리의 유기적인 관계를 느끼고 몸 전체가 소리의 울림에 관여하는 발성의 원리를 탐구해 보도록 하자. 이번 연습들을 통해 다음과 같은 사실들을 경험해 볼 수 있다.

① 호흡이 소리의 근원이다.
② '소리'는 '진동'이다.
③ 몸 속에 존재하는 소리의 진동을 느껴본다.
④ 소리와 '감정'이 하나가 되어 몸 밖으로 나간다.
⑤ 소리의 경로를 이완하여 소리의 진동이 왜곡되지 않고 나갈 수 있도록 한다.

1. 호흡과 소리

이제부터 해 볼 것은 소리의 진동이 만들어지는 첫 단계를 느끼기이다. 이 과정에서 중요한 것은, 앞 장의 호흡 훈련에서 관찰했던 골반의 이미지를 구체적으로 떠올리고, 그것에 집중함으로서 목에 힘을 주어 말을 하는 습관에서 벗어나 호흡으로부터 시작되는 발성에 대한 올바른 인식으로 한 발짝 나아가는 것이다.

물론 우리가 이미 알고 있듯이, 해부학적으로 소리는 후두에서 만들어진다. 그러나 앞으로 우리가 진행해 나갈 연습훈련에서와 같이, 호흡과 소리 모두가 우리 몸통의 가장 아래 부분인 골반, 또는 횡격막의 중심에서 생겨난다고 상상하면서 소리를 내보도록 하자. 그렇게 하는 것은 소리의 질과 그 경제적인 면에서 훨씬 더 뛰어난 효과를 만들어 낼 수 있다.

다음의 연습은 서서 하는 것이 가장 이상적이다. 그러나 오랫동안 눈을 감고 서서 호흡에 집중하다 보면 어지러움이 생기는 경우가 있다. 그러한 불편을 방지하고 언제나 어디서나 연습을 할 수 있도록 우리는 의자에 앉아서 하는 연습 방식을 시도해 보기로 하자.

다음은 호흡에 소리가 접촉되는 과정을 느껴보는 연습이다. 이러한 훈련은 주로 링클레이터의 『자유로운 음성을 위하여』에서 소개된 내용을 응용한 것이다. 다음의 단계들을 실행해 보자.

① 누워서 호흡 훈련을 할 때와 마찬가지로 등이 바닥에 닿아있다고 상상하면서 의자에 등을 기대고 앉는다.

② 엉덩이와 복부의 긴장을 풀고 허리는 등받이에서 편안하게 떨어뜨린다. 어깨의 긴장을 풀어서 떨어뜨리고 다리에도 긴장을 푼다.

③ 안도의 감정으로 가득 찬 한숨을 쉬면서 호흡을 아래쪽으로 내려가게 한다.

④ 골반 관절과 골반의 바닥을 마음의 눈으로 그려본다. 안도감으로 가득한 편안하고 긍정적인 한숨이 골반까지 내려가고 거기서부터 다시 몸 밖으로 나간다고 생각하면서 한숨을 쉰다.

⑤ 안도감으로 가득한 한숨과 함께 내 몸의 긴장도 모두 몸 밖으로 빠져나가는 것을 느껴본다.

⑥ 한숨이 나갈 때 횡격막의 중심에서부터 명확하지 않은 '허'에 가까운 소리(huh)의 접촉이 만들어진다. 그리고 나면 새로운 호흡이 몸 안으로 들어올 때까지 긴장을 풀고 기다린다. 다시 새로운 호흡이 몸 안으로 들어오면 공기가 골반까지 들어가고, 다시 몸 밖으로 나갈 때 횡격막에서 소리의 접촉이 생긴다.

⑦ 서둘러서 호흡을 들이마시지 않도록 한다. 새로운 호흡이 들어올 때까지 긴장을 풀고 기다린다. 다시 골반에서부터 새로운 호흡이 나갈 때 횡격막에서 소리의 접촉이 만들어진다. 이 과정을 여러 번 반복한다. 매 호흡마다 안도의 감정과 연결된 한숨과 소리의 접촉임을 잊지 않도록 한다.

> "허(huh)" "허" "허" "허" "허"……

이때 가장 중요한 것은 호흡이 완전히 소리의 진동으로 전환되어 나오도록 한다는 것이다. 근래에 방송에서 노래 잘하는 방법으로서 많은 사람들의 입에 오르내렸던 "공기 반,

소리 반"이 되어서는 안 된다. 우리가 추구하는 소리의 접촉은 백 퍼센트의 소리로서, 호흡과 소리가 섞인 퍼진 소리가 아닌 진동으로 나와야 한다.

또 한 가지 유의해야 할 점은 여기에 편의상 문자로 써 놓은 "허어–" 소리를 정확하게 발음하려고 노력하지 말아야 한다는 것이다. 연습을 통해 목표로 하는 "진동의" 안도의 한숨은 구체적으로 발음이 이루어지기 전의, 추상적인 진동이 조절되지 않은 상태로 막힘없이 나오는 것이므로 정확하게 "허" 소리를 발음하지 않도록 한다.

이제 한 단계 더 나아가 보자. '진동의 분수'라고 불리는 연습법은 링클레이터 시스템의 연습법 중 하나로서, 골반으로부터 솟아오르는 소리의 진동이 마치 분수와 같다고 상상하면서 호흡과 발성 관련 근육들을 자연스럽게 움직이는 훈련법이다. 이러한 이미지화, 즉 상상력을 통한 훈련법은 현재 영미권에서 가장 많이 훈련되고 있는 크리스틴 링클레이터의 호흡 및 발성 훈련법의 특징이라고 할 수 있다.

다음의 순서대로 소리를 만들어 본다.

① 다시 한 번 안도감의 한숨을 쉬고 싶은 충동으로 들어온 호흡은 골반까지 내려가고, 그렇게 내려간 호흡은 다시 골반에서부터 소리의 진동이 되어 힘찬 분수처럼 위로 솟아오른다.

> "하아~" 하– 아– 아– 아– 아– 아

② 이때 나오는 소리는 안도의 한숨이 소리의 진동으로 100% 전환이 된 것이므로, 소리가 나가는 동안 나의 몸은 계속해서 이완이 되는 것에 집중한다. 안도의 감정이 소리가 되어 몸 밖으로 빠져나간다.

> 하– 아– 아– 아– 아– 아– 아

③ 이것을 반복하면서, 진동이 시작되는 지점인 골반관절과 거기서부터 시작되는 진동의 분수의 이미지가 점점 더 선명해지고, 그와 함께 진동의 분수도 막힘없이 자유롭게 몸 밖으로 빠져나가는 것을 느껴본다. 호흡과 소리와 안도의 감정이 하나가 되어 세상을 향해 나간다.

다음 단계로 '횡격막에서의 소리의 접촉'을 시도해 보자. 횡격막에서 호흡과 소리가 시작된다고 생각하면서 연습을 해 보는 것이다.

횡격막은 제일 아래의 갈비뼈 바로 밑에 고무판처럼 위치하고 있다. 해부학적으로, 공기가 폐로 들어올 때 횡격막은 폐가 팽창할 수 있도록 아래로 평평해졌다가 다시 공기가 빠져나갈 때 폐가 제자리로 수축하면서 횡격막도 다시 둥근 초가지붕 모양으로 솟아오른다.

① 안도의 한숨을 쉬면서 공기가 몸 안으로 들어올 때 횡격막이 평평하게 아래로 내려가고, 공기가 몸 밖으로 나갈 때 횡격막이 마치 고깔처럼 솟아올라서 쇄골까지 올라간다고 머릿속으로 그림을 그린다. 이것을 두세 번 반복한다.

② 새로운 공기가 몸 안으로 들어오고, 호흡이 나감과 동시에 횡격막에서 명확하지 않은 짧은 '허(huh)' 소리가 된다. 소리가 나간 후에는 횡격막의 중심의 긴장을 탁 풀어서 남아 있는 공기가 빠져나가도록 한다. 이것을 반복하면서 횡격막의 중심에서 진동을 느껴본다. 급하게 호흡을 들이마시지 말고 매번 새로운 호흡이 들어올 때까지 기다렸다가 호흡이 나갈 때 횡격막에서 마치 소리의 버튼이 눌러지듯 '허' 하는 소리가 호흡이 섞이지 않은 100%의 진동으로 나가도록 한다.

③ 매번 새로운 호흡 때마다 음을 하나씩 올려가면서 이것을 반복한다.

크리스틴 링클레이터를 비롯한 많은 사람들이, 슬픔이나 기쁨, 분노, 정신적인 충격, 비통함 등의 감정이 실제로 이 횡격막의 부근에서 느껴진다고 설명하고 있다. 그러므로 감정과 호흡과 소리가 이 횡격막 부근에서 하나가 되어 전달될 수 있도록, 현재의 단계에서 위와 같은 연습들을 반복하는 것이 중요하다.

2. 골반과의 연결성을 강화하는 발성 훈련

호흡과 소리가 골반과 연결되어, 즉 몸통의 가장 깊은 곳과 연결되어 나올 수 있도록 돕는 자세의 연습을 해보자. 호흡과 발성이 몸통의 가장 아래 부분인 골반과의 연결성을 가지도록 하는 연습 훈련은 소리와 호흡, 그리고 감정이 하나가 된 가장 자연스럽고 이상적인 발성을 위하여 으뜸가는 기초가 된다. 소리의 연료가 되는 호흡이 부족하면, 소리는 성대에 과하게 의지해서 나오게 되거나 얕은 호흡 때문에 소리가 얼굴 위쪽으로 올라가게 된다. 그래서 결과적으로 감정과 단절된 인위적인 소리, 진실성을 잃어버린 날카로운 소리가 되어버리고 만다. '대각선 스트레치'라고 불리는 이 연습 훈련 역시 크리스틴 링클레이터의 저서 『자유로운 음성을 위하여』에 소개된 내용을 응용하였다.

연습 1

① 등을 바닥에 대고 누운 상태에서 양팔을 몸통과 직각이 되도록 양 옆으로 뻗는다.

② 눈을 감고 안도의 한숨을 쉬면서 몸의 구석구석에 있는 긴장들과 마음의 긴장을 이완한다.

③ 몸의 이완상태를 유지하면서 천천히 오른쪽 무릎과 왼쪽 무릎을 차례대로 세워서 발바닥이 땅에 닿은 채 무릎이 천장을 향하도록 한다. 등이 바닥에 밀착되는 것을 느낀다.

④ 오른쪽 무릎에 실이 감겨 있고 저 위에서 누군가가 그 실을 잡고 세게 잡아당긴다고 상상하자. 오른쪽 무릎이 배 위쪽으로 둥실 떠오르면서 흔들거린다. 이어서 왼쪽 무릎도 이와 똑같이 한다. 이 과정에서 중요한 것은 최대한 몸의 근육을 사용하지 않는다는 생각으로 상상의 실에 움직임을 맡기는 것이다.

⑤ 이제 두 무릎이 배 위에 둥실 떠 있는 상태가 되었을 것이다. 이번에는 다시 한 번 저 위의 누군가가 나의 양쪽 무릎에 연결된 실을 잡고 오른쪽으로 세게 제친다고 상상해 보자. 두 다리가, 가슴과 불편하지 않을 만큼의 적당한 거리를 두고 몸통의 오른쪽으로 떨어진다.

⑥ 고개를 다리와 반대 방향인 왼쪽으로 돌린다.

⑦ 두 다리와 허벅지, 엉덩이는 오른쪽 중력에 맡기고 머리와 왼팔, 왼쪽 어깨는 왼쪽 중력에 맡긴다. 안도의 한숨을 쉬면서 긴장을 푼다.

⑧ 한동안 이 자세를 유지한 채 안도의 한숨을 쉬면서 긴장을 푼다.

⑨ 내 몸에 조금 더 집중하면서, 이번에는 안도의 한숨을 매번 쉴 때마다 폐가 점점 아래로 내려가고, 아래로 내려갈수록 폐가 점점 더 커진다고 상상해 보자. 폐는 골반의 바닥까지 내려간다.

⑩ 이 자세에서 오른쪽 골반 관절에서부터 왼쪽 어깨까지 이르는 몸 안의 대각선 통로를 마음속으로 그려보자.

⑪ 편안함, 혹은 안도의 감정으로 가득 찬 한숨을 쉬고 싶은 충동이 오른쪽 골반 관절까지 내려가고 골반에서부터 깊고 큰 안도감의 한숨이 몸 안의 대각선 통로를 따라 왼쪽 어깨를 통해 몸 밖으로 나간다. 이때의 한숨은 통제되지 않고 조절되지 않은 크고 긍정적이며 자유로운 한숨이다. 이것을 두세 번 반복한다.

① 이번에는 편안함의 한숨이 백 퍼센트의 진동의 소리로 바뀌어 몸 속 대각선 통로를 통해 빠져나간다. 이때 나가는 진동의 소리는 마치 강물처럼 막힘이 없이 시원하게 흐른다고 상상한다. 이렇게 입까지 도달한 진동의 한숨은 입안의 공간을 울리면서 앞을 향해 직선으로 나아간다. 이것을 여러 번 반복하면서 몸통을 통과하는 진동의 흐름에 집중해 보자. 소리를 조절하려고 하거나 조금씩 나누어서 조심스럽게 내쉬지 않도록, 긴장을 풀고 안도감이 진동이 되어 막힘없이 나오도록 한다.

② 다시 천장의 그 누군가가 왼쪽 무릎에 연결된 실을 잡고 천천히 위로 들어 올리면, 왼쪽 다리가 배 위로 떠오르면서 허리가 바닥에 닿고 오른쪽 다리도 함께 따라오면서 배 위에 떠오르게 된다.

③ 이번에는 천장에 있는 그 누군가가 두 무릎에 연결된 실을 잡고 왼쪽으로 세게 제치면 두 다리가 몸통의 왼쪽으로 떨어진다. 머리는 다시 다리의 반대쪽인 오른쪽으로 굴린다. 이번에는 왼쪽 골반관절에서부터 오른쪽 어깨까지 이르는 몸 안의 대각선 통로가 만들어진다고 상상하자.

④ 앞에서와 같은 방식으로 골반관절에서부터 시작되는 진동의 안도의 한숨을 여러 번 반복한다. 진동의 강물이 골반에서부터 시작하여 몸통을 울리고 세상 밖으로 막힘없이 빠져나온다.

① 다시 천장의 그 누군가가 오른쪽 무릎에 연결된 실을 잡고 천천히 위로 들어 올리면, 오른쪽 다리가 배 위로 떠오르면서 허리가 바닥에 닿고 왼쪽 다리도 함께 따라오면서 배 위에 떠오르게 된다.

② 이완된 상태를 최대한 이완하면서 두 다리를 천천히 내려놓는다. 두 무릎이 세워진 상태로 발바닥이 바닥에 닿은 상태로 무릎이 세워진 상태가 된다.

③ 골반 바닥에서부터 양쪽 어깨까지 이르는 나의 몸통 전체를 마음의 눈으로 그려보자. 골반 바닥에서부터 안도의 한숨이 나의 몸통 전체의 깊이와 넓이를 관통하면서 양쪽 어깨를 통해 빠져나간다고 상상한다.

④ 진동의 안도의 한숨이 골반 바닥에서부터 몸통 전체를 관통해서 양쪽 어깨를 통해 빠져나간다고 상상한다. 진동의 강물이 나의 몸통 전체를 가득 채우는 것을 느껴본다.

⑤ 골반과의 연결성을 잃지 않으면서, 대각선 통로보다 훨씬 넓어진 몸통 전체를 가득 채우는 진동을 느끼면서 "진동의" 안도의 한숨을 여러 번 반복한다.

⑥ 두 손을 배꼽과 갈비뼈 사이의 복부에 올려놓고 안도감으로 가득 찬 진동이 막힘없이 몸 밖으로 빠져나갈 때 두 손으로 복부를 아래로 위로 흔들어서 마치 진동을 실제로 마사지를 한다는 느낌으로 소리를 내보낸다.

⑦ 이 과정에서 중요한 것은 몸통 전체가 울림으로 가득 찬 울림통이라는 느낌을 경험하는 것이다.

연습 4

① 바닥에서 서서히 몸을 일으켜서 편한 자세로 선다.

② 진동의 안도의 한숨을 내쉬면서 손으로 진동을 마사지하듯이 흔들어준다. 골반에서부터 시작된 진동의 한숨이 손의 움직임에 의해 흔들리면서 나간다.

　　　허– 어– 어– 어– 어– 어–

③ 이번에는 손으로 골반에서부터 가슴, 입으로 진동을 끌어올리듯이 쓸어 올린다. 손의 움직임과 진동의 이동을 일치시킨다는 느낌으로 여러 번 반복한다.

④ 이번에는 손이 입에 도착했을 때 입술을 닫아서 진동을 입 안에 가둔다. 얼굴과 입술, 뺨, 이마, 목, 턱 등을 만지면서 가두어진 진동을 손으로 직접 확인하고 느껴본다. 다음과 비슷한 소리가 나게 될 것이다.

　　　허– 어– 음– ㅁ– ㅁ– ㅁ– ㅁ–
　　　허– 어– 음– ㅁ– ㅁ– ㅁ– ㅁ–

손가락을 입술에 대고 진동을 느껴본 후, 입을 열어서 입술에 존재하는 진동을 앞으로 내보낸다는 느낌에 집중한다. 이때 목구멍과 치아는 열어둔 상태에서 입술만 닫아서 진동을 가두어야 한다. 이것을 여러 번 반복하면서, 진동이 입 안이라는 공간 안에 가두어진 상태에서 더 울리고 증폭되는 것을 느껴본다.

　　　허– 어– 음– ㅁ– ㅁ– ㅁ– ㅁ–
　　　허– 어– 음– ㅁ– ㅁ– ㅁ– ㅁ–

⑤ 가두어진 진동을 충분히 느끼고 확인해보았다면, 이제 입을 열어서 가두어진 진동을 세상 밖으로 내보내자. 진동이 입 밖으로 나갈 때 손도 함께 얼굴 앞쪽으로 쭉 뻗어서, 마치 진동을 손과 함께 멀리 이동시킨다는 느낌을 갖는다. "허– 어– 음– ㅁ– ㅁ– ㅁ– ㅁ– 머– 어– 어– 어– 어–"에 가까운 소리의 진동이 손의 움직임과 함께 얼굴 앞 쪽으

로 뻗어 나간다. 이를 여러 번 반복한다.

허– 어– 음– ㅁ– ㅁ– ㅁ– 머– 어– 어– 어–
허– 어– 음– ㅁ– ㅁ– ㅁ– 머– 어– 어– 어–
허– 어– 음– ㅁ– ㅁ– ㅁ– 머– 어– 어– 어–

소리가 이동하는 과정이 손의 도움과 함께 더욱 구체화 되었다면 이제 손의 움직임 없이 이미지에 집중하면서 이 과정을 반복해 본다.

이 단계에서는, 내 안에서 만들어진 진동이 세상 밖으로 나가가기 위해서는 두 개의 문, 즉 목구멍과 입이라는 두 개의 문이 열려야 한다는 것을 스스로 발견하는 것이 중요하다. 골반에서부터 몸통을 지나 입을 통과하고 마침내 손끝이 뻗어나간 세상으로 나아가는 '여정'에 집중하는 동안, 자신의 목소리를 들으면서 평가하지 않도록 유의하자. 소리를 듣는 순간 무의식적으로 더 좋은 소리를 내고자 음성을 재조정하게 된다면 자연스러운 울림은 사라지게 될 것이다. 호흡과 소리와 울림을 신체로 느끼고 그 과정에 익숙해지는 것이 이번 연습의 목표이다.

연습 5

① 이제 '진동의 안도의 한숨'을 "나"라는 단어로 바꾸어 보자. 천천히 "나"라는 단어에 자신만의 의미와 내용을 실어보자. 그 의미와 내용이 정서를 불러일으키고 자연스럽게 새로운 호흡이 몸 안으로 들어온다. 그 호흡은 몸의 깊은 곳 골반까지 내려갔다가 진동이 되어 몸 밖으로 빠져나온다. "나"라는 의미가 소리의 진동이 되어 몸 밖으로 나간다. 필요하다면 손으로 골반에서부터 진동을 끌어올리는 동작과 함께 해도 좋다.

나– 아– 아– 아– 아

② 매번 "나"라는 단어에 새로운 의미를 부여해도 좋고 같은 의미를 여러 번 반복해도 좋다. "나"라는 의미가 호흡이 되어 들어오고 다시 진동이 되어 "나"라는 사람이 표현된다고 생각해 보자.

나– 아– 아– 아– 아
나– 아– 아– 아– 아
나– 아– 아– 아– 아

① 다시 진동의 한숨으로 돌아와서 입술을 닫아서 진동을 가두었다가 손과 함께 내보내 보자. 입술에서 증폭된 진동이 점점 더 커지고 자라나는 것을 느끼면서, 이번에는 새로운 진동을 시작할 때마다 한 음씩 올려보자.

② 입술의 진동을 더욱 강화하기 위해 어린 시절 많이 하던 놀이인 "입술 털기"를 해 보자. 마치 오토바이 소리를 내는 것처럼 호흡이 나갈 때 "부르르르" 소리를 내며 입술을 털어 보자. 그리고 입술 털기를 진동의 안도의 한숨과 결합해 보자.

<u>프르르르</u>– 으– 음– ㅁ– ㅁ– ㅁ– 머– 어– 어– 어–
<u>프르르르</u>– 으– 음– ㅁ– ㅁ– ㅁ– 머– 어– 어– 어–
<u>프르르르</u>– 으– 음– ㅁ– ㅁ– ㅁ– 머– 어– 어– 어–

이것을 매번 새로운 호흡이 시작될 때마다 음이 올라가고 내려가도록 하면서 반복해본다.

이런 훈련과 관련한 수업 중에 어느 학생이 인상적인 말을 한 적이 있다. 그 학생은 이 연습을 할 때 마치 "얼굴이 달덩이처럼 커진 느낌이 들었다"고 말했다. 이는 이완에 의해 입과 얼굴에 가득 찬 진동의 울림이 울림 공간을 실제보다 크게 느껴지도록 했기 때문에 생겨난 매우 흥미롭고 새로운 경험이었다. 이처럼, 함께 훈련하는 동료들이나 훈련을 이끄는 코치 혹은 교사와 함께 훈련 동안 새롭게 발견하게 된 것들에 대해 서로 질문을 하고 토론을 해 보는 것은, 자신의 훈련 과정이 어떻게 진행되고 있다는 것을 보다 깊이 알 수 있도록 하며, 또한 앞으로 나아갈 방향을 새로이 제시할 수 있다는 점에서 매우 도움이 된다.

이번에는 목과 머리 전체의 긴장을 풀어서 소리의 진동을 더욱 더 넓게 증폭시켜 보도록 하자.

① 우선 등과 목을 구분하는, 어깨의 높이에 위치한 있는 커다란 뼈, 즉 황소뼈를 손으로 직접 만져보자. 링클레이터에 의하면 이 뼈에는 우리의 감정들과 관련된 신경의 조직들이 들어있으며 그 신경들은 어깨와 어깻죽지에 퍼져있다고 한다. 그래서 걱정을 하고 불안해하고 두려워하는 감정들이 생길 때 이 부분의 근육들이 가장 빠르고 강하게 긴장이 된다고 한다. 아마도 우리가 스트레스를 받을 때 항상 이 부분들의 근육이 뭉치거

나 만성적으로 뻣뻣한 통증을 느끼는 이유가 이 때문일 것이다. 이러한 긴장과 근육의 뭉침들은 자유로운 소리가 나오지 못하게 막는 제약으로 작용한다. 양쪽 목에서 어깨까지 이어지는 두 "ㄴ"자 부위의 긴장을 풀어서 진동을 자유롭게 해 보도록 하자.

② 고개를 바닥을 향해 툭 떨어뜨리고 머리통의 무게를 중력 맡긴다.

③ 황소뼈를 중심으로 경추 일곱 개를 커다란 원을 그리면서 오른쪽 방향으로 돌린다. 이때, 머리를 돌리는 것이 아니라 경추를 돌리면서 머리는 자연스럽게 따라온다는 생각으로 천천히 굴린다. 양쪽 어깨가 올라가지 않도록 유의하면서, 고개가 뒤로 젖혀졌을 때에는 턱의 긴장을 풀어서 아래턱이 완전히 아래로 열린 상태가 되도록 한다. 이때 배꼽에서부터 천장까지 하나의 뻥 뚫린 통로가 되도록 목구멍을 활짝 연다. 고개가 오른쪽 어깨 쪽으로 가 있을 때는 왼쪽 목이 늘어나는 것을, 고개가 왼쪽 어깨 위쪽에 가 있을 때에는 오른쪽 목이 늘어나는 것을 느끼면서 어깨가 올라가지 않도록 한다. 이 과정을 오른쪽과 왼쪽으로 몇 번을 더 반복하면서, 점점 유연해지는 느낌이 들면 흐름을 따라 조금 더 빨리 굴려본다.

④ '진동의 안도의 한숨'이 골반에서부터 분수처럼 솟아올라서 입에 도착했을 때 입술을 닫아서 진동을 입 안에 가둔다. 이와 동시에 고개를 바닥으로 떨어뜨리고 안도감의 진동이 계속되는 동안 고개를 편안하고 부드럽게 오른쪽으로 굴린다. 머리가 한 바퀴를 돌아서 다시 정면에 도착했을 때 고개를 천천히 든다. 고개가 뒤로 젖혀졌을 때에는 입술만 닫힌 채로 목구멍과 치아 사이는 열어 두어 턱이 이완된 상태를 유지한다.

⑤ 다시 한 번 안도의 한숨이 분수처럼 솟아오르고 입에 도착했을 때 고개를 떨어뜨린 다음, 진동의 한숨이 계속되는 동안 고개를 왼쪽으로 크고 부드럽게 굴리면서 얼굴과 머리에 가득 찬 진동을 느껴본다. 이것을 양쪽으로 번갈아 하면서 여러 번 반복한다.

⑥ 이번에는 머리가 다시 정면으로 돌아왔을 때 고개를 들고 입을 열어서 얼굴과 머리 안에서 가두어져 있던 진동을 얼굴의 정면으로 내보내준다. 이때 역시 여전히 턱은 이완되어 있어서 입이 열렸을 때 턱이 아래로 충분히 떨어지고 입은 충분한 울림 공간이 될 수 있는 세로의 타원형으로 열려야 한다. 얼굴과 머리 전체에서 진동이 울림이 느껴지고 입이 열림과 동시에 부드럽고 풍부한 진동이 퍼져 나온다. 매 호흡 때마다 음을 올려가면서 양쪽을 번갈아가며 여러 번 반복하는 동안 얼굴과 머리에서 퍼져 나오는 진동을 만끽해 보자.

연습 8

　지금까지 얼굴과 머리라는 공간에서 증폭된 자연스러운 진동을 경험해보았다. 이번에는 몸통 전체가 울림의 공간으로서 사용되도록 몸통 전체를 이완시켜 보자.

① 편하게 선 상태에서 복부와 엉덩이, 어깨의 긴장을 풀고 무릎과 허리도 너무 뻣뻣하게 펴지 않도록 유의한다.

② 진동의 안도의 한숨이 입에 도착하면 진동의 소리가 나가는 동안 머리를 바닥으로 숙이고 계속해서 머리의 무게를 따라 척추도 하나씩 단계적으로 꺾는다. 가장 마지막의 척추인 꼬리뼈가 천장을 향하고 정수리가 바닥에 가장 가까운 상태가 된다.

③ 이 자세에서 다시 새로운 호흡이 들어오고 안도의 한숨이 빠져나간다. 이때 진동의 흐름을 잘 관찰해 보자.

④ 다시 한 번 새로운 호흡이 들어오고 진동의 안도의 한숨이 나갈 때 무릎을 아래위로 가볍게 흔들어서 진동이 몸통의 흔들림과 함께 흔들려서 나가도록 한다.

⑤ 새로운 호흡이 들어오고 안도감이 진동으로 나갈 때, 이번에는 척추를 마치 벽돌을 쌓듯 하나하나 쌓는다. 마침내 맨 마지막의 경추까지 세우면 다시 고개가 정면인 상태로 서게 된다. 척추가 세워지는 동안 진동이 어떻게 이동하는지를 관찰한다. 척추를 쌓는 동안 호흡이 끝나게 되면 거기서부터 새로운 호흡을 시작해도 무방하다.

⑥ 정수리가 위로 향한 상태로 편안하세 서서 새로운 호흡과 함께 진동의 안도의 한숨이 몸 밖으로 나간다.

연습 9

① 새로운 진동이 시작될 때 고개를 떨어뜨려 중력에 맡기고 천천히 척추를 하나씩 꺾는다.

② 꼬리뼈가 천장을 향한 상태가 되었을 때 다시 새로운 호흡이 들어오고 그것은 다시 진동의 안도의 한숨이 되어 나간다.

③ 이번에는 새로운 호흡이 들어오고 나갈 때 척추를 다시 빠르게 세워 올리면서 "허엄– ㅁ– ㅁ–"하는 허밍을 하고 얼굴이 정면인 상태로 다시 섰을 때 진동의 안도의 한숨을 내보낸다.

④ 이것을 한 번 더 반복한다.

3. 갈비뼈 근육과 횡격막 호흡 훈련을 통한 발성연습

갈비뼈의 맨 아래쪽, 명치의 위치에 자리 잡고 있는 횡격막은 호흡과 관련한 근육들 중에서도 가장 중심이 되는 근육인데, 어떤 전문가들에 의하면 횡격막이 감정들이 실제로 느껴지고 또한 내보내지는 중심이라고 한다. 지금부터 해 보는 것은, 갈비뼈 사이의 근육들을 유연하게 이완하고 신축성 있게 만들어서 폐가 확장할 수 있는 공간을 더 만들고, 횡격막으로부터 호흡과 진동이 튀어나가는 느낌에 익숙해지도록 하는 훈련이다. 이러한 훈련방법은 시실리 베리의『배우와 목소리』에 소개된 내용이 응용된 것이다.

> ### 연습 1
>
> ① 바닥에 누워서 잠시 동안 이완 상태가 되도록 한다. 코로 천천히 공기를 들이마시면서 갈비뼈가 확장되고 옆구리가 벌어지는 것을 느껴보자. 갈비뼈와 호흡의 관계를 가장 잘 느낄 수 있는 자세가 바닥에 등을 대고 누운 자세이다.
>
> ② 활짝 열린 목과 입을 통해 커다란 한숨이 몸 밖으로 빠져나간다.
>
> ③ 이번에는 한숨이 몸 밖으로 빠져나갈 때 맨 아래의 갈비뼈와 배꼽 사이의 복부의 중심에서부터 짧은 터치의 소리 '허'가 빠져나간다. 이것은 호흡이 섞이지 않은 진동의 터치여야 한다. 횡격막의 긴장을 풀어서 남아있는 공기가 빠져나가도록 하고 긴장을 푼다. 다시 한숨이 빠져나갈 때 횡격막에서 진동의 버튼이 눌러지는 느낌으로 '허'가 짧고 강렬하게 빠져나간다. 이 과정을 몇 번 더 반복한다.
>
>   허/ 허/ 허/ 허/ 허/
>
> ④ 코로 공기를 들이마시고 소리가 몸 밖으로 빠져나갈 때 짧은 터치의 '허' 대신에 한숨을 따라 길게 "허어어어어---"하는 소리가 몸 밖으로 빠져나간다. 호흡이 섞이지 않은 100%의 진동의 소리여야 한다. 소리의 진동이 바닥으로 퍼지고 울리는 것을 느껴보자. 이 과정을 여러 번 반복하면서, 소리가 횡격막에서 터져 나오는 느낌을 신체적으로 기억하자.
>
> ⑤ 이번에는 서서히 몸을 돌려서 배를 바닥에 대고 엎드려 보자. 머리는 옆으로 돌려서 코와 입으로 호흡이 자유롭게 들어오고 나갈 수 있게 한다. 코로 들이마시고 편안하게 입으로 호흡을 내쉬면서 갈비뼈의 움직임을 느껴보자.
>
> ⑥ 그 상태에서 호흡이 나갈 때 공기를 진동으로 바꿔서 몸통으로부터 바닥으로 퍼지는 진동을 느껴본다.

허– 어– 어– 어– 어– 어

허– 어– 어– 어– 어– 어

⑦ 서서히 일어나서 앉거나 선다. 빠르게 코로 공기를 들이마시고 횡격막에서 출발한 소리
가 3–5초 동안 백 퍼센트의 단단한 진동으로 나가도록 하자.

허어/ 허어/ 허어/ 허어–

이 과정을 템포감 있게 반복하면서 호흡과 소리의 중심으로서의 횡격막의 작용을 인식
하자.

이 연습 과정에 어느 정도 익숙해졌다면, 이제 텍스트를 가지고 이 과정을 연습해 볼
차례이다. 발음이라는 복잡한 과정에 사고가 더해지면서 발성에만 집중할 수가 없고 긴장
도 즉각적으로 생기게 될 것이다. 지금의 단계에서는 긴장이 생기지 않도록 아주 천천히
읽으면서, 내용 전달은 잠시 잊고 발성의 과정에만 최대한 집중하면서 읽어보자.

연습 2

강나루 건너서
밀밭 길을
구름에 달 가듯이
가는 나그네

길을 외줄기
남도 삼백리
술 익는 마을마다
타는 저녁놀
구름에 달 가듯이
가는 나그네

박목월의 시 〈나그네〉

호흡의 원리를 알게 되었고 깊은 호흡에 익숙해졌다고 할지라도, 깊어진 호흡과 목소리
가 연결이 되어 나오는 데 걸리는 기간은 개인마다 차이가 있다. 어떤 사람들은 발성까지

는 어렵지 않게 할 수 있지만 텍스트가 주어지고 발음이라는 것이 추가되면서 깊은 진동이 사라지기도 한다. 몸의 중심에서 비롯되는 깊은 발성이 즉시 이루어지지 않는다고 해서 조급하게 생각하지 말고 꾸준히 연습해 보자. 언젠가는 깊어진 호흡과 연결된 목소리를 반드시 만날 수 있을 것이다.

4. 신체 움직임을 통한 발성연습

신체의 역동적인 움직임은 호흡을 자유롭게 하고 신체를 이완시켜, 소리가 억제되거나 조절되지 않은 채로 자유롭게 몸 밖으로 나갈 수 있도록 해준다.

연습 1

팔을 흔들면서 소리내기

① 목과 어깨의 긴장을 완전히 푼 상태로 선다.

② 코로 깊게 호흡을 들이마시면서 한쪽 팔을 위로 든 다음 호흡을 내쉬면서 팔을 아래로 툭 떨어뜨린다. 팔의 힘을 완전히 풀고 떨어뜨려야 한다. 팔이 떨어질 때 몸통이 앞으로 구부러지거나 기울어지지 않도록 바닥과 수직을 유지한다.

③ 새로운 호흡을 들이마시면서 반대편 팔을 위로 들어 올려서 같이 반복한다.

④ 두 팔을 동시에 들었다가 갑자기 떨어뜨린다. 떨어진 두 팔이 흔들거리도록 내버려 둔다.

⑤ 이번에는 팔이 떨어질 때 날숨 대신에 소리의 진동이 컨트롤되지 않은 상태로 자유롭게 몸 밖으로 빠져나가도록 한다. 이것을 양쪽 팔을 번갈아가면서 여러 번 반복한다.

다양한 동작들을 하면서 소리내기

다음과 같은 다양한 동작들을 하면서 '진동의 안도의 한숨'을 내보내 보자.

① 두 손을 머리에 올려놓고 가슴이 열린 상태에서 허밍을 한다.

② 주먹으로 가슴을 가볍게 두드리면서 진동의 안도의 한숨을 내보낸다.

③ 마치 무릎에 용수철이 달린 듯이 위아래로 가볍게 점프를 하면서 진동을 몸 밖으로 내보낸다.

④ 가슴을 치면서 진동을 몸 밖으로 내보낸다.

⑤ 정수리가 바닥에 가까이 있고 꼬리뼈가 하늘을 향한 상태의 폴더 자세로 안도감의 진동을 내보낸다.

⑥ 목을 돌리면서 안도의 진동을 내보낸다.

⑦ 가볍게 달리면서 진동의 안도의 한숨을 내보낸다.

⑧ 이제, 가볍게 달리면서 대사를 읽어보자.

⑨ 달리는 것을 멈추고 호흡을 정리한 후 제자리에 서서 대사를 읽어본다.

⑩ 두 손을 머리에 가볍게 올려놓고 가슴이 열린 상태에서 대사를 읽어본다.

5. 목소리의 볼륨을 키우기

목소리가 작은 것이 콤플렉스라고 말하는 사람들이 있다. 특히나 방송 등 공적인 상황에서 말을 해야 하는 직업을 가진 사람들이나 무대에서 연기를 하는 배우들의 경우, 작은 목소리는 적지 않은 경우 고민이 되지 않을 수 없게 된다.

그렇다고 볼륨을 키우고자 모든 말을 큰 목소리로 하거나 음을 올려 말하게 되면 오히려 의미와 정서의 전달력이 떨어지고 낮은 음역대의 감정들을 포기하게 되면서 진실성과 자연스러운 말투도 사라지게 되는 경우가 생긴다. 올바른 발성을 목표로 연습하는 입장에서, 앞에서 해 온 호흡과 발성 훈련이 제대로 이루어졌다면, 이완과 올바른 호흡, 그리고 올바른 호흡으로부터 만들어진 풍부하고 자연스러운 울림으로서의 소리는 다른 노력이 없이도 큰 소리가 되어 나올 것이다.

이제부터는 성량을 자연스럽게 키우는데 조금 더 도움이 되는 연습을 해보고자 한다. 모든 발성훈련이 그러하듯 긴장이 이완된 상태를 계속 유지하도록 유의하자. 다음의 순서를 따라서 차근차근 연습을 해 보자. 이 연습 훈련 역시 시실리 베리의 『배우와 목소리』에 소개된 내용을 응용하였다.

① 갈비뼈를 확장하는 횡격막 호흡 연습에서 시작해 보자. 무릎을 세운 상태에서 목과 어깨의 긴장을 풀고 무릎을 세운 상태에서 바닥에 등을 대고 눕는다.

② 텍스트를 들고 조용히 몇 줄을 읽어보는데, 이때 억양은 자유롭고 다양하게 하면서 말의 볼륨은 일정하게 한다.

③ 매번 새롭게 읽을 때마다 볼륨을 높이는 데, 중요한 것은 음은 올라가지 말아야 한다. 목소리가 커질수록 높은 음으로, 즉 피치를 높여서 읽게 되는 경향이 생긴다. 이 점을 유의하면서 목소리의 볼륨만 점점 높여서 읽는다. 간혹 음을 높이지 않으려고 하다가 말의 억양, 즉 멜로디마저 무의식적으로 높은 음을 사용하지 않을 수가 있다. 말의 억양, 즉 멜로디는 마음껏 자유롭게 일상 말로 편하게 하고, 전체적인 볼륨과 피치만 유지하도록 한다.

④ 읽으면서 말의 의미에 점점 집중하려고 노력한다. 목에 긴장이 들어가거나 호흡이 얕아지지 않도록 유의한다. 말의 의미와 감정이 명치에서부터 호흡, 소리와 하나가 되어 나오도록 한다.

6. 말의 소리가 모이지 않을 때

어떤 사람들은 "목소리가 모이지 않고 퍼진다"라는 말을 듣기도 한다. 말에 호흡이 과하게 실려서 나오는 이러한 목소리는 명확하지 않을 뿐 아니라, 전달력과 호소력이 떨어져서 음성을 통한 의미와 감정이 듣는 이들에게 제대로 전해지지 않는다. 특히나 음성을 전문적으로 사용하는 배우나 아나운서, 성우, 그 외에 말을 하는 것이 중요한 직업을 지망하는 사람이라면 이러한 음성은 고민의 대상이 된다. 이렇게 말에 호흡이 많이 섞여 있어서 목소리가 모이지 않고 퍼지는 이유는, 발성에 관한 앞의 장들에서 강조되었던, 호흡을 100 퍼센트 모두 소리로 전환하기가 제대로 이루어지지 않기 때문이다.

우리는 앞의 장들에서 발성의 기본이 호흡을 100퍼센트 소리로 전환하는 것이라는 점과 그것을 위한 연습 훈련들을 해 보았다. 그럼에도 불구하고 특별히 퍼지는 음성에 관해 이번 장에서 다시 한 번 강조하는 이유는, 발성 훈련 과정에서는 잘 이루어지던 100퍼센트의 진동이 대사나 텍스트를 만나면서 사라지고 음성이 맥없이 퍼지는 경우가 흔히 있기 때문이다.

지금부터 해 볼 훈련은 갈비뼈 근처와 횡격막 근처의 근육을 강화하여 호흡과 음성을 컨트롤 할 수 있도록 도와주는 연습들이다.

연습 1

이번 연습을 위해서 가벼운 탱탱볼을 하나 준비하면 좋다. 볼이 없다면 맨 손에 볼을 가볍게 들고 있다고 상상하면서 연습을 해도 무방하다. 이 연습은 두 사람이 짝을 이루어 할 수 있다.

① 두 사람이 양쪽 벽에 각각 한 사람씩 선 다음, '야', '왜', '애', '어' 등의 모음을 하면서 상대방에게 공을 던진다.

② 공을 머리 위로 올릴 때 호흡을 들이마시고 공을 던지는 순간 호흡이 모음의 소리가 되어 날아간다. 이 때 소리는 공과 같은 포물선을 이루면서 공중에서 상대방을 향해 날아간다. 공이 상대방에게 도착하기 전에 모음의 소리가 끝나지 않도록 한다. 이를 여러 번 반복한다. 파트너와 함께 이 연습을 즐겨보자

① 양손을 귀 뒤쪽의 머리 위에 가볍게 올려놓고 팔꿈치가 양쪽으로 뻗어나간 상태로 갈비뼈를 활짝 열어준다.

② 갈비뼈 사이사이를 공기로 채운다는 느낌으로 천천히 코로 공기를 들이마신 다음, 입으로 내뱉는다. 열을 세는 동안 들이마시고 다섯 동안 내쉬는 것을 여러 번 반복한다.

③ 이번에는 횡격막 깊이까지 공기를 들이마신 다음 공기를 내뱉을 때 입술이 닫힌 상태로 편안하게 허밍을 내뱉는다. 허밍이 나가는 동안 이완이 된다는 생각으로 호흡이 끝날 때까지 허밍을 한다. 반복을 할 때마다 허밍의 길이를 늘여가면서 연습한다.

④ 이번에는 조금 먼 지점 어딘가를 향해 허밍을 보낸다는 생각으로 편안하고 길게 허밍을 보낸다.

⑤ 이번에는 허밍 대신에 진동의 한숨으로 "허어━━━━━" 하고 목표 지점을 향해서 내보낸다. 목소리가 도달할 지점을 가깝고 먼 곳을 다양하게 바꿔가면서 연습한다.

⑥ 다양한 모음으로 이것을 반복해 본다.

아아아아아━   오오오오오━   에에에에에━
애애애애애━   우우우우우━   이이이이이━

이 연습을 하면서 염두에 둘 것은, 목표지점까지의 거리가 멀어지더라도 음이 높아지거나 볼륨이 커지지 않아야 한다는 점이다. 거리가 달라지더라도 같은 음과 볼륨을 유지하면서 목표 지점까지 도달하는 소리의 밀도를 단단하게 채우는 것이 이 연습의 목표이다.

이번에는 대본을 가지고 연습을 해 보자. 한 문장을 읽는 동안 중간에 호흡을 들이마시거나 호흡을 교체하지 않은 채 한 호흡으로 말하도록 한다. 문장이 길더라도 최대한 긴 분량을 한 호흡에 말하도록 한다.

다음은 알렉상드르 듀마 페르의 소설 〈몽테 크리스토 백작〉을 희곡으로 각색한 작품 안에 등장하는 대사이다. 보통의 길이로 된 문장은 한 호흡에, 긴 문장은 최대한 긴 분량을 한 호흡에 읽으면서 소리를 목표한 지점을 향해 보내보자. 앞에서 설명한 것처럼, 목표 지점이 멀어지더라도 볼륨이 커지거나 음이 올라가지 않도록 하면서 허공을 가로지르는 소리의 밀도를 높이도록 연습하자.

> 팔 만한 가치도 없었던 그 낡고 오래된 성무일도서는 우리 가문 대대로 남겨졌지만, 추기경께서 임종 직전에 써 놓았던 "나의 상속인들에게"라는 말의 의미가 무엇인지를 밝혀 볼 생각은 아무도 못했지. 결국 그 책은 나에게 떨어졌고, 나는, 에드몽, 오랫동안 그 성무일도서의 책장을 넘기고 또 넘겼다네. 사라진 보물에 대한 비밀이 틀림없이 그 안에 들어 있을 거란 생각을 하면서 말이야. 어느 날 밤, 마침내 나는 그 책이 나를 미치게 만들고 있단 생각에 그걸 불 속으로 집어 던져 버렸어. 맨 앞 장에 추기경의 글이 쓰여 있었는데, 불꽃이 책의 대부분을 삼켜버렸을 즈음, 나는 맨 앞장 표면에 이전에는 보이지 않던 어떤 글자들이 환하게 드러나는 것을 보았네. 나는 그것을 불 속에서 낚아채 읽었지. 그 글자들은 강한 열을 받으면 단 번에 드러나게 되어있는 보이지 않는 잉크로 쓰여졌던 거야. 그 글은 다음과 같았네. 보르지아 가문에 대해 내가 알고 있는 사실. 즉, 그들이 나를 독살함으로서 속히 내 재산을 가로채고자 함을 우려하여, 나는 금괴와 금화, 보석, 다이아몬드, 온갖 장신구 등의 모든 재산을 나의 몬테크리스토 섬에 있는 비밀 바위동굴 안에 숨겨두었다. 이 보물은 동쪽의 작은 냇물에서부터 직선으로 나란히 있는 바위들 중, 스무 번째를 들어 올리면 찾을 수 있다. 나는 이것을 내 상속자들에게 남긴다.
>
> (강수진 역, 〈몬테 크리스토 백작〉 중에서)

그런데, 연기를 전공하는 학생들과 연기 화술 수업을 하다 보면 종종 이러한 질문을 받을 때가 있다. "대사에 감정이 실리면 어쩔 수 없이 호흡이 많이 섞이게 되지 않나요?"

그러나 보통 이렇게 섞여 나오는 호흡은 진실한 감정과 연결되어 나오는 것이 아니다. 미숙한 배우들의 경우, 그 대사를 하는 동안 자신이 감정이라고 생각한 것은 사실 그 감정의 막연한 관념일 가능성이 높다. 예를 들어 슬픈 감정을 표현하려고 하다 보니 대사에 호흡이 많이 섞이게 된다고 하자. 그럴 경우 가장 먼저 체크를 해야 할 점은, 슬픔뿐만 아니라 다른 감정들을 표현하려고 할 때에도 습관적으로 대사에 호흡이 섞이지 않는지를 확인해 보는 것이다. 만약 그렇다면 그 대사를 하는 동안 자신이 감정이라고 생각하는 것은 실제로 자신에게 불러일으켜진 진실한 감정이 아니라, 머리로 알고 있는 그 감정에 대한 관념이 정확한 표현법을 찾지 못하고 호흡으로 막연하게 표현되고 있는 것에 불과하다. 다시 말하면, 슬픔이라는 관념이 다른 표현법을 찾지 못해 손쉽게 호흡이라는 첨가물을 넣은 것이다. 물론 감정이란 호흡을 통해 표현된다. 그러나 여기서 말하는 것은, 대사나 말의 전반에 걸쳐 습관적으로 호흡이 많이 들어가 있는 경우이다. 그럴 때에는 감정과 연결된 100퍼센트의 진동을 낼 수 있도록 발성훈련을 함과 동시에, 자신이 표현하고자 하는 감정을 구체적으로 자기화하고 그 감정에 집중해서 대사를 하는 꾸준한 훈련을 하도록 해야 한다. 그렇게 함으로서 우리는 슬픔이라고 하는 머릿속의 관념을 흉내 내는 것이 아니라 슬픔의 진실한 감정 자체가 있는 그대로 우러나오는 대사를 할 수 있게 될 것이다.

호흡과 관련하여 대사를 할 때 발견되는 또 하나의 바람직하지 않은 습관들 중의 하나는, 대사를 내뱉는 첫 순간에 호흡이 한숨처럼 먼저 빠져나오는 경우이다. 이러한 습관을 가진 학생들 대부분은 자신이 그러한 습관을 가지고 있다는 것을 인식하지 못하고 있다는 사실이 가끔 놀라울 정도이다. 이렇게 소리가 나오기도 전에 한숨처럼 호흡을 내뱉으면서 대사를 시작하게 되면, 감정이 그 첫 한숨에 빠져나와버리고 결국 남아있는 쭉정이 같은 호흡과 음성으로 대사를 하게 되는 결과가 발생한다. 뿐만 아니라 무의미하게 빠져나오는 한숨들이 반복적으로 다른 사람들의 귀에 들리면서 대사가 깔끔하지 못하다는 인상을 주게 된다. 이럴 경우에도 방금 연습한 훈련이 도움이 될 수 있다.

4장

공명과 확장

    지금까지 우리는 몸통 전체가 소리에 작용하는 울림통이 되어야 한다는 사실에 대해 탐구하고 관련 연습들을 진행하였다. 이제는 이러한 기본 발성의 토대 위에서 우리 몸의 각 공명 기관들을 알아보고, 그 각각의 특질들을 발견하며 개발해 보도록 하자.

    우리의 몸에는 소리가 잘 울리고 증폭되는 대표적인 울림 공간들이 있다. 이곳들은 대부분 빈 공간들이며, 우리는 이를 공명 기관이라고 부른다. 가슴, 입, 치아, 코, 광대뼈 안쪽, 눈 주변의 빈 공간, 그리고 두개골 등이 가장 대표적인 공명 기관들로서 간주된다.

    이 공명 기관들은 각각 그것들만의 특징적인 울림을 가지고 있다. 사람의 생김새가 모두 다르듯, 잘 울리는 공명 기관들도 사람마다 다르다. 어떤 사람들은 가슴 공명이 잘 되는 신체 구조를 가지고 있고, 또 어떤 사람들은 입이 대표적으로 잘 울린다. 이러한 차이점들에 의해서 사람마다 특유의 음성적 특질과 개성이 생겨나게 되는 것이다. (음성의 높낮이를 결정하는 것은 성대의 길이이다.)

    따라서 자신의 공명 기관들을 잘 이해해서, 강점은 자신의 정체성으로 더욱 발전시키고 부족한 것은 더욱 개발하여 표현력이 풍부한 음성으로 가꾸어 보도록 하자. 우리가 이상적으로 실현하고자 하는 목소리는 가장 무겁고 낮은 음에서부터 가장 밝고 높은 음까지 모두 하나가 되어 조화롭게 울려 퍼지는 무지개와 같은 소리이다. 이를 위해 여기서는 가장 중요하고 기본이 되는 세 개의 공명 기관인 가슴, 입, 그리고 치아 공명에 대해서 살펴보도록 하겠다. 이 장에서 소개되는 훈련의 형태는 링클레이터의 『자유로운 음성을 위하여』에 나오는 내용을 보다 간편하게 응용한 것들이다.

1. 가슴 공명

가슴 공명은 울림 공간들 중에서도 가장 깊고 낮은 소리를 만들어 낸다. 가슴 공명은 가장 기본이 되는 것으로 다른 울림들은 이 가슴 공명의 바탕 위에서 자유롭게 활용되어야 한다. 가슴 공명이 바탕이 되어 있지 않은 소리는 위쪽 공간들의 공명에 의해 높고 또렷한 매력은 있을지 몰라도 호흡 및 소리의 중심과의 연결이 단절되어 진실하고 따뜻한 느낌을 잃는다.

연습

① 가슴 공명이 올바르게 이루어지기 위해서는 가장 먼저 호흡이 몸의 중심으로 내려가야 한다. 긴장을 이완하고 호흡을 편안하게 아래로 내린다고 생각하면서 안도의 한숨을 쉰다.

② 천천히 고개를 뒤로 젖혀서 얼굴이 천장을 향하도록 한다. 뒷목의 지지를 받으면서, 어깨에 긴장이 들어가서 올라가지 않도록 계속 어깨를 떨어뜨린다.

③ 턱의 긴장을 풀어서 아래턱이 완전히 떨어지도록 한다. 목구멍의 긴장을 풀고, 혀가 뒤로 당겨져서 목구멍을 막지 않도록 혀의 긴장을 풀어서 편안하게 떨어뜨려 놓는다. 활짝 열린 목구멍을 마음의 눈으로 잘 관찰하자. 턱, 혀, 목구멍이 모두 이완되어서 배꼽으로부터 천장까지 뻥 뚫린 하나의 통로가 되도록 목구멍의 긴장을 풀고 활짝 열어준다. 다시 고개를 제자리로 움직이는 동안 통로로서의 목구멍의 모양이 바뀌는 것을 마음의 눈으로 잘 관찰한다.

④ 다시 천천히 고개를 뒤로 젖혀 천장을 바라보는 동안 목구멍이 다시 활짝 열리는 것을 느껴본다. 안도의 한숨을 쉬고 싶은 충동을 느끼고 몸통의 가장 아래 골반 바닥에서부터 진동의 안도의 한숨이 뻥 뚫린 통로를 따라 솟아오른다. 진동이 목구멍과 입을 통과해서 천장까지 도달하는 동안, 진동이 따뜻하게 가슴을 데우는 느낌을 느껴보자. 솟아오르는 진동이 마치 따뜻한 온천이고 그 온천이 가슴과 몸을 따뜻하게 데우면서 천장까지 이어지는 이미지를 갖는다. 이때 새어 나오는 진동은 호흡이 섞이지 않은 백 퍼센트의 진동으로 가장 낮은 음역대로 흘러나온다.

허- 어- 어- 어- 어- 어-
허- 어- 어- 어- 어- 어-
허- 어- 어- 어- 어- 어-

⑤ 고개가 제자리로 돌아오고 뒷목과 어깨의 긴장을 풀어준다. 다시 한 번 고개를 뒤로 젖혀 목구멍을 활짝 열어주고, 이번에는 한 호흡을 여러 번의 짧은 진동으로 내 보자.

허어– 허어– 허어– 허어– 허어– 허어–
허어– 허어– 허어– 허어– 허어– 허어–
허어– 허어– 허어– 허어– 허어– 허어–

가슴 공명이 잘 발달하지 않은 사람들의 경우 저음의 가슴 진동이 매우 작은 소리일 수 있고 심지어 잘 들리지 않을 수도 있다. 목이 짓눌리는 느낌으로 소리가 나오지 않는 범위 안에서 가장 낮은 음들의 진동으로 가슴을 따뜻하게 데워보자. 이때 흘러나오는 진동이 풍성하지 않다고 할지라도 관심을 가져주고 반겨주면서 점차적으로 가슴 공명을 성장시켜 보자.

2. 입 공명

입안의 공명을 연습하기에 앞서서, 먼저 입천장과 혀 사이의 공간을 인식해보자. 혀로 입천장을 한 번 쓸어보자. 그래보면 윗니 바로 뒤에서부터 딱딱한 입천장이 둥근 아치형을 이루고 있는데, 이 부분을 경구개라고 부른다. 경구개가 끝나는 목구멍 근처의 지점부터는 부드러운 살덩어리로 이루어진 연구개가 있는데, 거기에서부터 목젖이 혀 가까이 아래를 향해 떨어져 있다. 즉, 연구개는 소리가 목구멍에서 입으로 가는 통로에 위치해 있다. 연구개의 길이는 사람마다 다른데, 연구개가 길게 늘어져서 커튼처럼 통로를 막고 있으면 답답하고 빈약한 소리가 나오게 된다. 연구개를 드는 연습이 필요한 이유가 바로 여기에 있다. 연구개를 드는 연습은 잠시 후에 해 보기로 하고, 다시 한 번 입이라는 울림 공간에 집중해 보자.

입안의 공간은 정확하게 말하면 입천장과 혀 사이의 공간을 말한다. 이 공간이 울림에 적합한 공간이 되기 위해서는 입천장과 혀 사이의 공간이 충분히 확보되어야 한다. 턱이 이완되어 자유로이 아래로 떨어지기, 혀가 이완이 되어 입천장과의 사이가 충분히 생기도록 아랫니 뒤의 잇몸을 따라 편안하게 떨어져 있기가 중요한 또 하나의 이유가 여기에 있다. 발성적인 이유뿐만 아니라, 정확한 모음 발음을 위해 입의 공간이 충분히 확보되고, 자음의 정확한 발음을 위해 혀가 자유로이 움직일 수 있는 공간이 확보되어야 하는 발음상의 이유로도 입이라는 공명 공간은 울림의 동굴로서 제대로 기능해야 한다.

울림의 특징적인 면에서 보았을 때 입 공명은 전달력이 가장 뛰어나며, 활용하기 쉽고, 힘을 싣기 쉽다. 아마도 입 공명이 모든 공명 기관들 중에서도 주인공이 아닐까 싶다. 전반적으로 입 공명은 가슴 공명보다 높은 음역대를 담당하지만, 입은 그 공간의 깊이에 따라 각 위치에서 잘 울리는 음이 달라진다. 지금부터 입 공명 연습을 위해 먼저 연구개의 탄력성을 높이고 위로 드는 연습을 해 보자.

연습 1

연구개를 드는 연습을 하는데 가장 도움이 되는 것은 하품이다. 거울을 꺼내 들고 하품을 하면서 목구멍을 잘 살펴보자. 하품하는 시늉이 아닌 실제로 하는 하품이어야 한다. 이때 연구개가 위로 올라가고 목젖도 함께 올라가서 보이지 않게 되는 것을 확인할 수 있을 것이다. 다시 한 번 하품을 하면서 이번에는 혀 뒤가 솟아오르지 않도록 편안하게 떨어뜨려 보자. 연구개와 목젖은 위로 들려있고 혀 뒤가 편안하게 떨어져 있어서 목구멍이 활짝 열리는 것을 거울로 확인할 수 있을 것이다. 하품을 할 때 목구멍에서 벌어지는 일들을 잘 기억해 두자. 연구개를 드는 것은 이것과 같은 원리이기 때문이다. 계속해서 하품을 하면서 연구개를 드는 느낌에 익숙해져 보자.

① 하품의 원리를 기억하면서 연구개를 들어 목구멍을 연다. 혀가 위로 따라 올라가서 목구멍의 통로를 막지 않도록 지속적으로 혀 뒤를 떨어뜨리는 연습을 하자.

② '가' 또는 '카'를 말하려고 해 보자. 이 소리들은 연구개와 혀의 뒤가 붙었다가 떨어질 때 소리와 진동이 앞으로 터져 나오면서 나는 소리이다. 연구개의 앞부분과 (너무 뒤쪽으로 하면 토할 것 같은 느낌이 들 수도 있다.) 혀 뒤가 붙었다가 깃털처럼 가볍게 떨어지면서 '카' 소리가 터져 나온다. 이와 동시에 연구개는 다시 하품을 할 때와 마찬가지로 위로 바짝 들어서 목구멍을 열어준다.

③ 호흡이 나갈 때마다 짧은 '카'를 가볍고 경쾌하게 내뱉으면서 연구개를 드는 것을 여러 번 반복한다.

④ 이번에는 호흡이 들어올 때 붙었던 연구개와 혀 뒤가 떨어지면서 '카'를 해 본다. 이때 들어온 공기는 몸통의 아래 골반까지 막힘없이 곧바로 들어가는 이미지를 그린다. 연구개는 혀와 떨어지는 동시에 위로 들어서 목구멍을 활짝 열어준다. 이것을 여러 번 반복한다.

⑤ 들이쉴 때 '카', 내쉴 때 '카'를 번갈아 반복하면서 연구개를 유연하게 함과 동시에 위로 드는 연습을 한다. 들어온 공기는 골반까지 내려간다.

⑥ 들숨과 날숨에서 '카'를 반복하다가, 골반까지 들어왔던 공기가 다시 나갈 때 이번에는 '카' 대신에 '하아아아아—이이이이————'의 진동이 되어 멀리멀리 커다란 포물선을 그리면서 나가도록 한다. 분수처럼 솟아오른 진동이 활짝 열린 목구멍을 통과하고 입천장을 스쳐서 정면으로 큰 곡선을 이루며 뻗어 나간다. 이것을 서너 번 더 반복한다.

연습 2

연구개를 유연하게 하고 위로 들어서 목구멍을 활짝 여는 연습을 했으니 이제 입 공간을 울리는 공명 훈련을 시작해보자.

① 가슴 공명에서 했던 것과 마찬가지로 다시 서서히 고개를 뒤로 젖혀서 천장을 바라본다. 목구멍이 활짝 열리는 것을 느낀다.

② 다시 고개가 제자리로 올라오는 동안, 활짝 열렸던 목구멍이 점점 좁혀지면서 머리가 마침내 제자리로 돌아왔을 때 목구멍이 반으로 작아진 것을 느껴본다. 배꼽에서부터 천정까지 하나의 긴 통로였던 것이 이제는 ㄱ자 모양으로 꺾인 통로가 되었다.

③ 골반에서부터 안도의 한숨이 진동으로 솟아오르고 진동은 가슴을 지나서 ㄱ자로 꺾인 통로를 지나 입에 도착한다. 이때 턱은 이완되어 아래턱은 완전히 떨어져 있고, 혀도 역시 앞날이 아랫니 뒤 잇몸을 따라 편안하게 떨어져 있어서 혀와 입 사이의 공간은 근사한 울림 동굴이 되어 있다. 진동은 입에서 울림을 만들며 앞으로 뻗어나간다.

하ㅡ 아ㅡ 아ㅡ 아ㅡ 아ㅡ 아ㅡ 아
하ㅡ 아ㅡ 아ㅡ 아ㅡ 아ㅡ 아ㅡ 아
하ㅡ 아ㅡ 아ㅡ 아ㅡ 아ㅡ 아ㅡ 아

이렇게 입에서 울리는 소리는 가슴에서 울리던 소리보다 한층 높고 선명한 소리이다. 이제 입 공명을 조금 더 자세히 탐구해 보자.

④ 지금부터 진동의 안도의 한숨을 쉬면서 입안이 가장 잘 울리는 음역대를 찾아보자. 입안의 울림이 최적의 상태가 되는 음은 가슴 공명보다 훨씬 높은, 중간 또는 중간보다 조금 더 높은 음이 될 것이다.

이때 입 한 가운데에 작은 달걀이 끼워져 있다고 상상해 보자. 턱의 긴장이 이완된 상태에서 입이 세로의 타원형으로 열릴 것이다. 발성을 하는 동안 이 타원형의 달걀을 잊지 않도록 한다. 발음의 기본적인 입모양은 가로로 벌어지는 것이 아니라 세로의 타원형으로 떨어지는 것이다.

⑤ 중간 정도의 음역대에서 음을 조금씩 바꿔가면서 진동이 목구멍 쪽의 연구개에 부딪히

는 음이 무엇인지를 찾아보자. 노래를 부른다고 생각하지 말고 안도의 한숨으로 진동을 입으로 보내면서 목구멍을 통과한 진동의 소리가 입천장 중에서도 가장 뒤쪽인 연구개에 부딪힌다고 느껴지는 음을 찾아보자.

⑥ 연구개에 부딪힌다고 느껴지는 음을 찾았다면 이번에는 음을 조금 올려 보자. 음이 올렸을 때 진동의 소리가 부딪히게 되는 입천장의 위치는 연구개보다 조금 더 앞쪽, 즉 경구개의 뒷부분임을 느낄 수 있을 것이다.

⑦ 음을 또 한 번 올려보자. 이번에는 진동이 조금 더 앞쪽으로 이동하서 경구개와 입의 한 가운데 사이 어딘가에 부딪히게 될 것이다. 이런 식으로 음을 조금씩 올렸다가 내리면서 입안의 공명을 통한 진동을 느끼고 음미해보자.

⑧ 마침내 입안의 한 가운데, 즉 입천장의 가장 높은 곳에 부딪혀 울리는 음을 찾았는가? 마치 세로로 끼워진 달걀처럼 입의 한 가운데에 진동이 맞춤으로 끼워지는 느낌을 주는 음 말이다. 이 음은 아마도 자신의 가장 선명한 중심이 되는 음일 것이다. 입의 한 가운데를 울리는 이 음을 한동안 즐겨보자.

⑨ 음을 높일수록 진동이 부딪히는 입천장이 점점 더 앞으로 이동하게 된다. 조금씩 음을 올려서 경구개의 가장 끝부분에 부딪히는 음을 찾으면 아마도 상당히 높은 음이 될 것이다. 음이 높아질수록 긴장도 더 많이 생기므로 안도감은 더욱 커져야 한다.

⑩ 정면의 한 지점을 바라보고 입안의 공명을 통해 뻗어나가는 소리가 파란색이라고 상상하면서 목표로 한 지점으로 진동을 보내보자. 호흡이 바뀔 때마다 소리가 도달하게 될 지점을 바꿔가면서 파란 색 역시 짙은 것에서 밝은 것에 이르기까지 다양하게 바꾸어가면서 진동을 보내는 연습을 해 보자.

3. 치아 공명

진동은 뼈와 같이 딱딱한 표면에 부딪혔을 때 더 크게 자라난다. 예를 들면 치아 같은 곳에서 그러하다. 치아 공명은 입 공명보다도 조금 더 높고 선명한 울림을 만들어 낸다. 종종 발성 교사들이 "소리를 입 앞쪽으로 붙이라"는 주문을 할 때는, 치아와 그 주변의 경구개에 부딪히는 울림을 의미하는 경우가 많다.

① 고개를 천천히 숙여 바닥을 내려다보는 동안 목구멍의 공간이 점점 더 좁혀지는 것을 느껴보자. 이때 입모양은 동그랗게 열린 '허'나 '하'가 아닌 '흐'에 가까운 상태가

된다. 입술을 양 옆으로 더 당기면 이제 '히'에 가까운 입모양이 될 것이다.

② 고개가 완전히 숙여졌을 때 목구멍의 거의 막히는 것에 가까울 정도로 좁아진다. 안도의 한숨을 호흡으로 쉬어보자. 호흡이 매우 좁아진 목구멍의 통로를 통과해서 입천장을 스쳐 앞니로 쏟아지는 것을 느껴보자. 손가락으로 코를 막고 숨을 쉬어보면 목구멍이 아주 좁기는 하지만 완전히 막히지 않은 것을 확인할 수 있다.

③ 코에서 손가락을 떼고 이번에는 골반과의 연결성을 유지하면서 진동의 안도의 한숨을 쉬어보자. 진동이 좁아진 목구멍의 통로를 통과해서 입천장을 스치고 마침내 앞니로 쏟아지게 된다.

히이– 이– 이– 이– 이– 이– 이–
히이– 이– 이– 이– 이– 이– 이–
히이– 이– 이– 이– 이– 이– 이–

이때 쏟아지는 진동의 소리는 높고 또렷한 소리이다. 음이 높을수록 더욱 큰 안도감의 한숨으로 진동이 나와야 한다. 그렇지 않으면 목에 무리를 주게 된다. 그래서 목을 보호하려는 무의식에서 가성으로 소리를 올리게 되는 경우도 있는데 그럴 경우 치아 공명은 발생하지 않는다. 아무리 작은 소리라고 할지라도 가성이 아닌 백 퍼센트의 진동으로 큰 안도감과 함께 진동이 앞니에 부딪히도록 해야 한다. 노란 색의 진동의 가는 선으로 바닥에 그림을 그린다는 느낌으로 높은 음역대에서 이것을 반복해 본다.

히이– 히이– 히이– 히이– 히이– 히이–
히이– 히이– 히이– 히이– 히이– 히이–
히이– 히이– 히이– 히이– 히이– 히이–

공명 연습을 하면서 유의해야 할 점은 미리 음을 생각하고 만들어서 내려고 하지 말아야 한다는 것이다. 공간에 의해 저절로 발생하는 울림을 탐구하려고 노력해야 한다.

5장

모음에 대하여

말이 입 밖으로 나오는 것을 '발화'라고 한다. '발화'는 가장 간단히 이루어질 때 모음 하나만 말해지고, 보통은 모음에 자음이 결합하는 식으로 나타난다. 이렇게 발화되는 최소 단위를 '음절'이라고 우리는 부른다. 예를 들어, '아'는 모음으로만 이루어진 가장 간단한 음절이고, '가'는 '아'라는 모음에 'ㄱ'이라는 자음이 결합된 음절인 것이다.

일반적으로 우리는 일상을 살아가면서 음절 하나하나를 주의 깊게 발음하며 말하지는 않는다. 각 모음이 만들어내는 입 모양이나 각각의 자음들의 정확한 혀의 위치를 인식하지 않은 채 말을 하며 살아간다. 그러다 보니 오랫동안 굳어진 습관으로 인해 명확하지 않은 발음, 잘못된 발음이 생겨난다. 자음에 된소리가 너무 강하거나 약할 경우나 모음의 입 모양이 정확하지 않을 경우, 혀와 입천장이 닿는 위치가 올바르지 않을 경우, 그리고 혀와 치아가 닿지 말아야 할 때 닿는 경우 등은 우리가 인상에서 흔하게 발견하는 발음상의 문제들이다. 일례만 들어 보면, 어떤 사람들은 된소리를 발음하는 것에 잘못 습관이 되어 있어서, 우리가 밥을 지어 먹는 "쌀"을 "살"이라고 하고, 간식으로 먹는 "과자"를 "꽈자"라고 말하기도 한다. 경상도 지역에서 자라난 사람들에게서 이런 발음상의 문제를 보게 될 때가 있다.

발음 연습은 잘못된 발음 습관을 교정하는 데 도움이 될 뿐만 아니라 각 자모음의 특질을 잘 살림으로써 말의 생동감과 청각적인 질을 향상시키는 데에도 도움이 된다. 일상생활에서 유달리 말의 맛이 잘 살아있고 생동감이 있게 들리도록 하는 사람들을 만난 적이 있을 것이다. 그들의 말은 청각적으로 흥미롭고 섬세한데, 자세히 들어보면 그들의 말에는 각 모음과 자음의 각각의 특질들이 잘 살아 있음을 발견할 수 있다. 각각의 모음과 자음은 그것만의 고유한 질감과 느낌이 있다. 예를 들어, ㅁ과 ㄴ은 각각 입술 및 혀에 의해 소리가 입 안에 가두어졌다가 열리면서 나오는데, 이때 가두어진 소리는 코로 올라가서 울림을 만들었다가 입이 열리면서 밖으로 나오게 된다. 즉, ㅁ과 ㄴ은 코에서 울림이 만들어져서 나오는 비성이다. 비성은 그 만의 고유한 맑고 낭랑한 느낌을 가지고 있다. 그런데 ㅁ과 ㄴ이 완전한 비성이 되지 못하고 ㅁ과 ㅂ의 중간 소리로 발음되거나 ㄴ이 ㄴ과 ㄷ의 중간 소리로 발음이 되는 경우를 간혹 주변에서 발견하게 된다. 그럴 경우 의미는 전달이 되지만 말의 느낌과 맛은 사라지고 만다.

지금부터 우리가 해 볼 연습들은 각각의 모음과 자음의 올바른 위치를 찾고 정확하게 소리를 내보는 것이다. 이 연습들은 정확한 발음을 돕고, 나아가 각 모음과 자음들의 청각적 질감과 특질들을 발견하게 함으로서 언어를 음악적이고 청각적인 관점에서 새롭게 깨닫도록 해 줄 것이다. 그리고 그럼으로써 목소리에 균형과 올바른 공명이 실리도록 도움을 주게 될 것이다. 이 연습들은 언어를 가장 작은 단위부터 새롭게 알아나가는 즐거운 과정이 될 것이다.

1. 모음의 준비

모음은 자음과는 달리 혀를 입천장에 붙이거나 입술을 서로 붙였다가 떼는 등의 복잡한 과정이 없기 때문에 발음의 정확성을 간과하게 되기가 쉽다. 그러나 입이 제대로 열리지 않고 모호한 입모양으로 모음을 대충 발음하면 전체적인 발음의 인상이 선명하지가 않다. 또한 모든 모음은 유성음이기 때문에 연습 과정에서 소리의 진동이 통과하는 입안의 공간을 인식하는 것이 더더욱 중요하다.

모음은 입모양과 혀의 위치, 그것에 의해 생기는 입안 공간의 모양에 의해 소리가 만들어진다. 즉, 모음은 입모양이 정확해야 그 각각의 소리들이 구분이 되고, 자음과 결합이 되었을 때 명확한 전달력을 갖는다. 모음이 올바르게 발음되기 위해서는 입술과 그 주변의 근육이 경직되지 않고 유연하게 움직일 수 있도록 이완되어 있어야 한다. 혹시 자신이 입술이 무겁게 치아를 덮은 채로 치아를 전혀 드러내지 않고 말을 하는 습관이 있지는 않은지 거울을 보면서 말을 해 보자. 입술이 움직이지 않으면서 말을 하게 되면 입은 자유롭게 열릴 수가 없고, 각 모음의 정확한 발음을 위한 입모양도 제대로 만들어질 수 없다. 가끔은 아랫입술만 움직이고 윗입술이 움직이지 않는 경우도 종종 있는데, 이럴 경우에는 소리가 입 밖으로 나오지 않고 안으로 들어가게 되고 연구개 또한 늘어져서 답답하게 막힌 소리가 나게 된다. 그리고 윗입술이 해야 할 몫까지 아랫입술이 모두 하게 되면서 턱에도 역시 긴장이 들어가게 된다.

모음의 정확한 발음을 위해 입이 자유롭게 열릴 수 있으려면 턱이 반드시 이완되어야 한다. 턱이 긴장되어 있다면 입이 제대로 열리지 않아서 입모양이 찌그러질 뿐만 아니라 자음과 결합이 되었을 때 혀가 움직일 수 있는 공간이 부족해서 전체적으로 뭉개지고 웅얼거리는 발음이 되고 만다. 이렇게 좁은 입 공간으로 인해 생기는 모음과 자음의 발음상의 문제는 소리의 질에도 영향을 끼치게 된다. 혹시 우리 주변에 말, 혹은 대사를 하거나 노래를 할 때 "입을 좀 더 크게 벌리라"는 말을 종종 듣는 사람들이 있을지 모르겠다. 그런 사람들은 평소 턱에 강한 긴장이 들어가 있을 가능성이 높다. 이러한 턱의 긴장은 대사를 할 때나 무대에 올라갈 때와 같이 심리적으로 긴장이 되는 상황에서는 훨씬 더 커진다.

모음 연습을 하기에 앞서 우선 입술과 턱의 긴장을 푸는 것부터 시작해보자. 소리가 나오는 통로들을 이완하는 것이 중요하다. 소리가 지나가는 통로가 긴장이 되어 있다면 소리는 입 앞쪽으로 나오지 못하고 목구멍의 언저리에 걸려서 답답한 소리가 만들어진다. 우리의 목구멍은 열려있어야 하고 혀가 이완되어 떨어져 있어야 하고 턱도 편안하게 이완되어 있어야 한다. 그리고 연구개가 게으르게 소리 길을 막지 않도록 탄력성 있게 위로 들릴 수 있어야 한다.

연습 1

입술의 긴장을 풀기

① 양쪽의 어금니가 맞닿은 상태에서 입술을 옆으로 길게 늘였다가 다시 입술을 뽀뽀를 하듯 앞으로 쭉 내민다.

② 안도의 한숨을 내쉬면서 공기가 입술을 통과할 때 오토바이 소리를 내듯이 입술을 불어서 털어준다. 이때 입이 귀까지 이어져 있다고 생각하면서 입술 주변의 근육들도 같이 풀어준다.

③ 진동으로 안도의 한숨을 쉬면서 오토바이 소리를 내며 입술과 그 주변의 근육들을 풀어준다. 이것을 여러 번 반복한다.

④ 아르페지오로 입술 털기를 한다.

턱의 긴장을 풀기

눈을 감고 상상해 보자. 우리는 지금 한가로운 오후 한때에 침을 흘리며 여유롭게 졸고 있다. 아마도 아래턱의 근육이 이완되면서 입이 자연스럽게 벌어지는 것이 느껴질 것이다.

① 이와 같이 이완된 턱의 느낌을 유지하면서 천천히 입을 크게 벌려보자. 턱에 긴장이 들어가지 않을 때까지 벌리되, 손가락 두 개 정도가 들어갈 만큼의 크기면 좋을 것이다. 이때 아래턱이 앞으로 뻗어져 나오는지 체크해 보자. 이완된 턱은 아래로 뒤로, 즉 목의 방향으로 열린다. 이때 귀 바로 아래쪽에 있는 각진 턱뼈에 모래주머니가 달려 있다고 상상해 보자. 턱이 더 아래로 긴장 없이 떨어지게 될 것이다.

② 아래턱을 떨어뜨려서 입을 여는 것이 편안하고 익숙해질 때까지 여러 번 반복한다. 중간 중간에 음식을 씹듯이 가볍게 어금니끼리 마주치는 것도 긴장 완화에 도움이 된다. 턱을 느슨하게 두는 연습을 일상생활 중에 수시로 해 보자.

③ 이번에는 오랫동안 많이 그리웠던 사람을 예상하지 못한 순간에 만나게 되었다고 상상해 보자. 놀라움과 반가운 기쁨에 입이 크게 벌어질 것이다. 이때 벌어지는 입은 아래턱만 떨어져서 벌어지는 것이 아니라 윗 턱 역시 뒷부분 쪽에서 위로 들려 올라가면서 열리게 되는 것을 느낄 수 있을 것이다.

이는 윗턱을 움직이는 근육이 목 뒤에 있기 때문이다. 반가움, 놀람, 분노 등과 같은 강렬한 감정에서는 이와 같이 윗턱과 아래턱이 함께 열리면서 벌어진다. 이렇게 윗턱이 함께 열리면 아래턱에 과도하고 불필요한 긴장이 생기지 않는다. 즉, 입뿐만 아니라 목구멍에도 공간이 만들어지는 것이다. 하품 역시 이와 비슷한 원리로 윗턱과 아래턱이 모두 이완된 상태로 열리면서 입과 목구멍 모두에 공간이 생긴다. 하품은 턱을 이완하는 감각을 기억하고 익히는데 매우 유용한 연습이다.

④ 안도의 한숨을 내쉬면서 턱을 이완한 상태에서 윗턱과 아래턱이 모두 움직여서 입이 크게 열렸다가 어금니끼리 살짝 닿을 정도로 입이 닫히는 연습을 여러 번 반복해 본다.

⑤ 진동의 안도의 한숨을 내쉬는 동안 윗턱과 아래턱을 움직이면서 입을 크게 열었다가 닫는 것을 반복해 본다. 점점 긴장이 들어오지 않는지를 계속 확인하면서 이를 여러 번 반복한다.

⑥ 다시 한 번 안도의 한숨을 쉬면서 입천장을 윗턱에, 혀는 아래턱에 포함되어 있음을 인식해본다.

⑦ 이제 윗턱과 아래턱 사이의 공간, 즉 입천장과 혀 사이의 공간을 인식하면서 진동의 안

도의 한숨을 쉬어본다. 진동이 통과하는 입안의 공간을 마음의 눈으로 그려본다.

⑧ 한 호흡에 한음을 올리는 스케일을 진동의 안도의 한숨을 쉬면서 하는 동안 턱에 긴장이 들어가지 않도록 윗턱과 아래턱을 열었다가 닫는 것을 반복한다.

허어－－－으－－－어－－－－으－－－－어－－으－－－

⑨ 이번에는 양 손가락으로 아래턱을 가볍게 잡고 아래로 위로 흔들어 보자. 이때 턱의 근육을 사용하여 입을 열지 말고 온전히 손에게 턱을 맡겨서 손에 의해 턱이 열리도록 한다.

⑩ 진동의 안도의 한숨을 내쉬면서 손으로 턱을 가볍게 흔들어준다. 아마도 처음에는 무의식적으로 턱에 힘이 들어가면서 턱이 손의 움직임을 따라가지 않고 잘 열리지 않을 것이다. 끊임없이 턱에서 힘을 빼려고 노력하면서 온전히 턱을 손의 움직임에 맡겨보자.

허어－ 으－ 어－ 으－ 어－ 으－ 어
허어－ 으－ 어－ 으－ 어－ 으－ 어

⑪ 다시 한 번 입을 편안하게 연 상태에서 턱의 움직임이 없이 진동의 안도의 한숨을 쉬어보자. 턱의 긴장이 이완되었다면 소리의 진동은 더 자유롭고 커진 것을 느낄 수 있을 것이다.

연습 3

입안의 공간을 인식하면서 다음의 시를 말해보자.

계절이 지나가는 하늘에는
가을로 가득 차 있습니다.

나는 아무 걱정도 없이
가을 속의 별들을 다 헤일 듯합니다.

가슴 속에 하나 둘 새겨지는 별을
이제 다 못헤는 것은
쉬이 아침이 오는 까닭이요,
내일 밤이 남은 까닭이요,
아직 나의 청춘이 다하지 않을 까닭입니다.

별 하나에 추억과
별 하나에 사랑과

별 하나에 쓸쓸함과

별 하나에 동경과

별 하나에 시와

별 하나에 어머니, 어머니,

어머님, 나는 별 하나에 아름다운 말 하나씩 불러봅니다.

소학교 때 책상을 같이 했던 아이들의 이름과,

패, 경, 옥, 이런 이국 소녀들의 이름과,

벌써 아기 어머니 된 계집애들의 이름과,

가난한 이웃 사람들의 이름과,

비들기, 강아지, 토끼, 노새,

'프랑시스 잠', '라이너 마리아 릴케' 이런 시인의 이름을 불러봅니다.

이네들은 너무나 멀리 있습니다.

별이 아스라이 멀 듯이.

어머님,

그리고 당신은 멀리 북간도에 계십니다.

나는 무엇인지 그리워

이 많은 별빛이 내린 언덕 위에

내 이름자를 써 보고

흙으로 덮어버리었습니다.

딴은 밤을 새워 우는 벌레는

부끄러운 이름을 슬퍼하는 까닭입니다.

그러나 겨울이 지나고 나의 별에도 봄이 오면

무덤 위에 파란 잔디가 피어나듯이

내 이름자 묻힌 언덕 우에도

자랑처럼 풀이 무성할거외다.

윤동주의 시 〈별 헤는 밤〉

입술과 턱의 긴장을 이완했다면 이제 모음을 연습해 볼 차례이다. 여기서는 가장 기본이 되면서도 오류가 많은 몇 개의 모음들만 중점적으로 다루어 보겠다. 우선 모음을 발음하기 위해서는 혀의 앞끝이 아랫니 뒤에 편안하게 붙어있어야 하며, 잇몸에서 떨어져서 위로 들리거나 뒤로 당겨지지 않도록 해야 한다. (물론 모음이 자음과 결합하게 되면 혀끝은 당연히 잇몸에서 떨어져서 자음의 조음을 위해 움직이게 된다. 예를 들어, '아'에 ㄴ이 결합하여 '나'가 되었을 때를 생각해 보라.) 매우 간단한 것 같지만 혀끝이 습관적으로 들리거나 목구멍 쪽으로 혀가 당겨져 있는 사람들이 의외로 많다. 이러한 습관은 한 번에 바로 고쳐지지 않는다. 거울을 보면서 꾸준히 연습을 해 보자.

2. 모음의 기본 'ㅏ'

어떤 면에서 '아'는 모음의 가장 기본이 되는 발음이라고도 할 수 있을 것이다. '아'의 입모양이 올바르지 않으면 그것이 '가', '사', '마'와 같이 자음과 결합되었을 때, 또는 '강', '산', '달'처럼 아래에 받침이 더해졌을 때의 모든 음절들 역시 잘못 소리 나게 된다. 가장 흔하게 발견되는 '아'의 잘못된 소리는, 입이 옆으로 벌어지면서 마치 귀 뒤에서 잡아당겨진 듯이 열리는 상태이다. 입을 크게 벌려서 입모양을 정확하게 하고 싶을 때 이런 실수를 범하게 되기가 쉽고, 이런 상태로 발음해 온 습관이 굳어버렸을 수도 있다. 입 안에 달걀이 끼워진 타원형을 기억하자. 입모양의 교정은 한동안의 노력이 필요하다.

연습 4

① 깊고 편안한 진동의 안도의 한숨이 명치에서부터 흘러나온다.

　　　아ー 아ー 아ー 아ー 아ー 아ーㅎ

② 계속해서 안도의 감정에 집중하면서 나의 몸통과 목, 그리고 입을 통과하는 진동의 울림을 느껴본다. 따뜻한 진동이 나의 몸을 가득 채우는 동안 턱은 이완되어 아래로 편안하게 떨어져 있다.

③ 혀로 입천장을 핥아보자. 가장 높은 지점을 입의 중간이라고 생각하고 그 지점의 입천장과 혀 사이에 작은 달걀이 세로로 끼워져 있다고 상상해 보자. 입모양이 아래로 약간 긴 타원형이라고 상상하면서 '아'를 진동의 한숨으로 내보내 본다.

　　　아ー 아ー 아ー 아ー 아ー 아ー ㅎ

④ 횡격막 또는 명치와의 연결성을 유지하면서 안도감의 한숨이 '아'라는 발음에 결합되어 나온다

아– 아– 아– 아– 아– 아– ㅎ

⑤ '아'에 다양한 자음들과 받침들을 붙여서 연습해보자.

아, 바, 하, 나, 다, 담, 낮, 각, 상, 탈, 밤, 랑, 말, 장, 살 등.

3. 'ㅔ'와 'ㅐ'

우리는 일상에서 '에'와 '애'의 발음을 크게 구별해서 사용하지는 않는다. 사실, 화술 교육의 현장에서는 이 두 개의 모음을 구별하는 것보다도 먼저 교정의 필요성을 느끼는 문제점을 발견하게 되는데, 그것은 바로 너무 얇게 옆으로 찢어진 입모양으로 이 두 개의 모음을 구별 없이 발음하는 것이다. 이런 경우 혀가 과도하게 입천장 가까이에 있게 되고, 소리가 지나가는 입안의 공간은 너무 얇고 좁아진다. 결국 그렇게 되어 입 밖으로 빠져나오는 발음은 가늘고 눌린 듯한 앵앵거리는 질감의 모음이다.

입안의 공간을 인식하면서 '에'와 '애'를 발음해 보자. 이 두 모음의 차이 역시 입모양과 그에 따른 입천장과 혀 사이의 거리에 있다. '에'가 '애'에 비해 입이 얇게 옆으로 벌어지는데 이때 혀와 입천장 사이의 공간이 너무 가깝게 붙지 않아야 한다. '애'는 입이 옆으로는 덜 당겨지는 대신 턱이 아래로 더 떨어지면서 조금 더 둥근 입모양이 된다. '아'와 마찬가지로 명치 혹은 횡격막과의 연결성을 유지하면서 두 모음을 번갈아 연습해보자.

연습 5

① 에– 애– 에– 애– 에– 애– 에– 애

② 다양한 자음을 붙여 연습해보자.

산에 들에, 늦게, 나한테, 베다, 에미, 세월, 데리고, 꽂게, 제일……

애정, 애교, 동료애, 매우, 배우다, 개울, 내일, 태양, 대화, 팻말……

4. '—'의 발음에서 쉽게 발견되는 오류

의외로 '으'를 잘못 발음하는 사람들이 많다. '으'의 잘못된 발음은 말 전체의 인상에 영향을 끼치지만, 섬세하게 듣지 않으면 구별이 쉽지 않다. '으'를 잘못 발음하는 대부분의 경우가 '으'와 '이'의 중간 발음으로 소리를 내는 것이다. 그러나 '—'를 잘못 발음하고 있다 할지라도 본인 스스로 그것을 귀로 구별해 내기도, 입모양으로 발견해 내는 것도 쉽지 않다. 결국 많은 사람들이 자기 말의 전체적인 인상이 마음에 들지 않는다고 느끼면서도 그것이 '—'를 발음하는 습관의 문제임을 발견하지는 못하는 실정이다. 지금부터 '—'의 위치를 연습해 보자.

연습 6

① '—'를 발음해 보면서 혀의 양 옆 날이 위아래의 어금니 사이에 살짝 끼워져 있는지 확인해 보자. 이러한 혀의 위치에서는 '—'와 'ㅣ'의 중간 소리가 나게 된다. 또한 혀에 긴장이 들어가게 된다.

② 혀 전체의 긴장을 풀고 혀의 양 날이 치아에 닿지 않도록 아랫니 뒤를 따라 편안하게 떨어뜨려 보자. 턱도 마찬가지로 이완된 상태이다. 혀에 힘이 들어가면서 혀의 앞 끝이나 양 날이 뜨지 않도록 계속해서 긴장을 풀고 아랫니 뒤를 따라 떨어뜨린다.

③ 계속해서 '—'를 소리 내면서 윗니와 아랫니 사이가 붙어있는지 확인해보자. 만약 치아까지 붙어 있다면 턱의 긴장을 풀고 윗니와 아랫니 사이를 가볍게 떨어뜨린다. 입천장과 혀 사이의 공간을 인식하면서 '—'를 반복해서 연습한다.

　　　으– 으– 으– 으– 으– 으–ᅘ

④ '—' 모음에 다양한 자음을 붙여서 연습해 보자.

　　　그– 느– 드– 르– 므– 브– 스– 즈– 츠– 트– 프– 흐

⑤ 받침을 추가해서 발음해 보자.

　　　글– 는– 득– 를– 을– 습– 블–

⑥ 단어로도 연습해 본다.

　　　흐르다, 느끼다, 모음, 은행나무, 극기, 습관, 듣다, 가는, 다른, 무엇을, 소리들……

'ㅏ', 'ㅔ', 'ㅐ', 'ㅡ'의 발음에 집중하면서 천천히 다음의 문단을 읽어보자. 읽는 동안 녹음을 해서 자신의 발음을 직접 재확인해 보는 것도 도움이 될 것이다.

> 오늘은 어둠 속에서 서로 하염없이 눈물만 흘리는 펠레아스와 멜리상드의 장면을 읽다가 문득 어떤 그리움에 잠겼다. 하지만 내 그리움의 대상은 희곡 속에 묘사되는 신비로운 안개와 숲속에 둘러싸인 성이 아니다. 서울 우리 동네에 노점상이 늘어서 있던 시장골목, 버스 타고 지나가면 보이던 학교 운동장, 이런 것들이다. 또 한가로이 걸어 다니던 이사 온 옛 동네 캔자스시티의 브룩사이드 산책로도 그립다. 길모퉁이에 있던 헌책방, 빵가게, 약국, 별 특징 없던 동네 주택가. 아무런 감동 없이 반복되는 하루하루의 평범한 부분들이던 그것들이 문득 그리워졌다. 예술작품은 그것이 포함하고 있는 향수를 통해, 우리들 스스로가 일상 속에서 잊고 살아가던 무언가에 대하여 생각해 보고 그리워하도록 만드는 것 같다. 예술작품은 그것이 가지고 있는 미로 우리 자신도 아름답게 만드는 것 같다. 특별히 아름다울 것 없는 우리들 자신의 삶도.
>
> (오세준 저, 『연극, 그 상상력의 틈새』에서)

5. 'ㅗ'와 'ㅜ'

'ㅗ'와 'ㅜ'는 입술의 움직임이 많은 모음들이다. 따라서 입술이 탄력 있게 모이지 않고 지나가듯이 대강 열리게 되면 명확하지 않은 소리가 난다. 'ㅜ'는 혀 뒤가 이완되어 소리가 바깥쪽으로, 'ㅗ'는 혀의 앞부분이 오목하게 말리면서 소리가 입 안쪽으로 들어가는 경향이 있다. 그러므로 ㅗ를 발음할 때에는 앞쪽으로 소리를 보내야 한다. ㅜ와 ㅗ 모두 입술에서 소리가 나간다는 느낌으로 발음한다. 그 밖에 이중모음들의 경우 입술의 활발한 움직임을 필요로 하는데, 이중모음에 관해서는 다음 장에서 조금 더 자세하게 다루도록 하겠다.

턱이 이완되어 있고 입모양에 문제가 없는데도 모음의 발음이 자유롭지 않고 편안하게 소리가 나지 않는다면 혀가 긴장이 되어 있는지 여부를 확인해 보자. 혀가 뒤로 당겨져서 목구멍을 막거나 혀의 앞부분이 아랫니 뒤를 따라 이완된 상태로 놓여있지 않고 떠 있다면, 이러한 긴장된 혀 역시 모음의 질에 영향을 주게 된다.

6장

자음에 대하여

자음은 입술을 통해 소리가 만들어지는 것과 혀를 통해 소리가 만들어지는 것의 두 종류로 크게 나누어볼 수 있다. 다시 말하면, 몇 개의 자음은 공기 또는 소리의 흐름이 입술에 의해 막혔다가 입술이 서로 떨어지면서 생겨나는 소리이며, 나머지 대부분의 자음은 혀가 입천장에 붙어서 가두어진 공기 또는 소리의 흐름이 혀가 떨어지면서 생겨나는 소리이다. 모음 부분에서도 강조하였듯이, 자음의 올바른 발음을 위해서도 턱이 이완된 상태에서 편안하게 떨어지는 것이 중요하다.

1. 입술로 만들어지는 자음 – ㅁ, ㅂ, ㅍ

ㅁ, ㅂ, ㅍ은 자음 중에서도 윗입술과 아랫입술이 서로 맞닿았다가 떨어지면서 만들어지는 소리이다. 다시 말하면, 닫혀 있던 입술 안의 공기와 소리가 입이 열리면서 입 밖으로 분출되어 만들어지는 소리이다. 그 중에서도 ㅍ은 호흡만 갇혀 있다가 터져 나오는 무성음이며, ㅂ은 성대의 울림에 의해 만들어진 진동의 유성음이다. 마지막으로 ㅁ은 계속되는 울림소리(유성음)가 코의 공간에서 공명되어 나오는 소리다.

지금부터 ㅁ, ㅂ, ㅍ의 발음을 연습해 보자. 연습을 하는 동안 잊지 말아야 할 점은 아주 천천히 연습하면서 발음의 과정을 살피는 것이다. 우선 입술에 있는 긴장을 푸는 것으로 시작해 보도록 하자.

거울을 꺼내 자신이 말을 하는 모습을 관찰해보자. 입술이 유연하게 움직이면서 치아가 자연스럽게 드러난 상태로 말을 하고 있는가? 발음이 정확하지 않은 많은 경우들이 바로 입술이 잘 움직이지 않는 것에서 기인한다. 위에서 언급하였듯이, 입술이 주인공이 되는 자음은 ㅁ, ㅂ, ㅍ 뿐이지만, 그 이외의 모든 자음과 모음의 발음 과정에서도 입술이 게으르고 무딘 상태로 잘 움직이지 않는다면 발음은 명확하게 이루어지지 않는다. 그런 경우에 "발음이 안 되는 건 아닌데 뭔가 깔끔하고 선명하지가 않아"라는 고민이 발생하게 된다. 입술을 잘 움직이지 않고 말을 하면 입술이 치아를 완전히 가린 상태로 말하게 될 가능성이 높다. 결국 입도 자유롭게 벌어지지 않게 되면서 발음뿐만 아니라 발성에도 지장을 주게 된다.

다음의 연습 1은 입술의 긴장을 풀고 유연하게 움직일 수 있도록 하는 데 도움이 된다. 일상에서 수시로 활용해 보자.

연습 1

입술의 긴장을 풀기

① 입술이 귀까지 이어져 있다고 생각하면서, 안도의 한숨을 내쉬며 입술을 불어 털어준다. 어린 시절에 입으로 오토바이 소리를 흉내를 내면서 놀던 것을 떠올리면 이해가 쉬울 것이다. 이것을 서너 번 반복한다.

② 마치 뽀뽀를 하거나 빨대를 물때와 같이 입술을 작고 동그랗게 모아서 앞으로 쭉 내밀었다가, 다음에는 "김치~" 하고 사진을 찍을 때처럼 입술을 옆으로 스트레치 한다. 그것을 여러 번 반복한다.

③ 위, 아래 어금니끼리 서로 닿게 한 상태에서 윗입술을 코 방향으로(위로) 바짝 든다. 이때 아래 입술은 움직이지 않아야 한다.

④ 이번에는 윗입술을 제자리로 내려놓고 아래 입술을 턱 방향을 향해 일직선으로 바짝 내린다. 이 연습들은 입술 주변의 근육들을 이완시켜 입술이 발음에 충분히 활동적으로 움직이게 만들도록 도움을 줄 것이다.

⑤ 다시 한 번 첫 번째의 단계인 오토바이 소리를 내면서 입술 풀기를 한다.

로얄 셰익스피어 컴퍼니의 유명한 발성 및 화술 코치인 시실리 베리(Cicely Berry)는 자신의 저서 『배우와 목소리』에서, 턱이 뻣뻣하고 입술이 잘 움직이지 않는 버릇을 가지고 있다면 그것은 "자기의 말을 남에게 전하는 데 주저하기 때문에" 생긴 것이라고 지적하기도

한다. 자신의 경우는 어떤가 반성해 보면서 이제 입술로 치아를 숨기지 말고 자연스럽게 치아를 보여주며 입술을 활기차게 움직여서 말을 하는 습관을 들여 보자.

스트레칭을 통하여 입술과 그 주변 근육의 긴장을 충분히 풀었다면 이제는 본격적으로 ㅁ, ㅂ, ㅍ의 발음을 연습해 볼 차례이다.

연습 2

① 입술을 붙인 상태에서 입 안에서 입술 밖으로 공기를 밀어내듯이 '프–' 하고 소리를 낸다. 이때 입술의 압력을 느끼면서 연습한다.

② 다양한 모음에 ㅍ을 붙여 연습해 본다.

    파아– 파아– 파아–
    피이– 피이– 피이–
    페에– 페에– 페에–

연습 3

① ㅍ과 마찬가지로 입술을 붙인 상태에서 이번에는 '브–' 하고 소리를 내 보자. ㅍ과는 달리 입술에서 소리의 진동을 느껴본다. 혹시라도 발음이 나가기 직전의 순간에 혀에 긴장이 들어가서 들려 있거나 목구멍 쪽으로 당겨지지 않도록 유의한다. 턱 또한 마찬가지로 이완이 되어 있어 '브–' 진동의 소리는 작지만 자유롭게 입 밖으로 분출될 수 있어야 한다. 마치 내 발 아래로 공이 툭 떨어지듯 '브–'가 떨어지는 느낌을 가져본다.

② 이번에도 마찬가지로 다양한 모음에 ㅂ을 붙여 연습해본다. 각 모음의 느낌에 따라 ㅂ의 질감도 조금씩 달라지는지 관찰해 본다.

    비이– 비이– 비이–
    베에– 베에– 베에–
    바아– 바아– 바아–

① 입술을 붙인 상태로 허밍을 하듯 소리의 진동을 입술에 모아본다. '음~~~~~' 하는 진동이 갑자기 입이 열리면서 밖으로 날아간다. ㅂ, ㅍ과는 달리 진동의 소리가 계속해서 지속되는 것을 인식하면서, 이것을 길고 짧게 여러 번 반복해본다.

음~~~~~머어 음~~~~~머어 음~~~~~머어
음~~~머어 음~~머어 음~~머어

② 가두어진 진동 '음~~~~'이 비음인 것을 느끼면서 입술을 열어 진동을 입술 밖으로 내보낸다. 다양한 모음에 ㅁ의 입술 진동을 붙여서 다양한 길이로 소리를 내 본다. 입술의 진동과 비음을 충분히 음미하고 만끽하면서 그것을 입을 열어 자유롭게 입 밖으로 내보내는 것에 집중한다.

마아~~~ 마아~~~ 마아~~~
미이~~~ 미이~~~ 미이~~~
메에~~~ 메에~~~ 메에~~~

ㅁ은 입술에서 증폭된 소리의 진동이 코의 공간에서 울려 나가는 비음이므로 연습을 진행하는 동안 ㅁ만의 감각과 질감을 충분히 느껴 보도록 하자. 각 모음이 바뀔 때마다 ㅁ의 느낌이 조금씩 달라지는 것도 발견할 수 있을 것이다.

2. 혀의 앞부분으로 만들어지는 자음 – ㄴ, ㄷ, ㅌ, ㄹ, ㅈ

ㄴ, ㄷ, ㅌ은 혀의 앞 끝의 움직임으로 만들어지는 소리이다. 혀끝이 윗 치아의 바로 뒷부분 잇몸에 붙은 상태로 입 안에 갇혀있던 공기와 소리가, 혀가 입천장에서 떨어지면서 입 밖으로 나오면서 만들어진다. 이때 혀끝과 윗 치아 뒤의 잇몸이 제대로 붙지 않으면 발음이 선명하게 이루어지지 않는다. 그렇다고 혀끝에 불필요한 힘이나 긴장이 들어갈 필요는 없다. 입 밖으로 공기와 소리가 빠져나가지 않도록 혀끝과 혀의 앞날이 윗니 뒤 경구개의 가장자리에 자연스럽게 붙어있도록 한다.

우리는 지금까지 발성 연습을 하는 동안 혀의 긴장이 소리에 어떠한 부정적인 영향을 끼치는지를 알게 되었다. 우리는 일상의 주변에서 혀의 긴장 때문에 발음상의 문제를 겪거나 변질된 소리로 말을 하는 경우들을 어렵지 않게 발견하게 된다. 혀의 긴장은 가장 흔하게 발생하는 화술 상의 문제들 중 하나이다. 이러한 문제가 몸에 배인 습관이 되어버린 경우, 그러한 혀의 긴장 상태를 인식하지도 못하고 불편하다고 느끼지도 않게 된다. 다만 "왜 나는 발음이 정확하지 않지?" 라거나 "나의 이 가늘고 앵앵거리는 듯한 목소리를 바꾸고 싶은데 어떻게 해야 할지 모르겠어"라는 고민만을 토로하게 된다.

혀에 습관화된 긴장이 들어있다면 인내심을 가지고 오랫동안 꾸준히 혀의 긴장을 풀려는 노력을 기울여야 할 것이다. 그러나 다소 성가실 수도 있는 이 연습을 꾸준히 제대로 노력한다면 반드시 만족스러운 결과를 얻을 수 있을 것이다.

다음은 혀의 긴장을 푸는 데 도움이 되는 연습들이다.

연습 1

혀의 긴장을 풀기

① 거울을 보지 않은 채로, 현재 자신의 혀를 관찰해보자. 혹시 혀가 살짝 들려 있지 않은가? 또는 살짝 들린 채 목구멍 쪽으로 당겨져서 목구멍을 막고 있지는 않은가? 아니면 혀끝이 입천장을 밀고 있거나, 혀에 힘이 들어가서 혀의 폭이 좁혀진 상태로 있지는 않은지 체크해보자. 이 경우들 중 어딘가에 해당이 된다면 나는 평소에 혀가 긴장된 상태로 생활하며 말을 하고 있을 가능성이 높다.

② 이번에는 거울을 꺼내어 자기 혀의 상태를 눈으로 직접 확인해 보자. 혀가 이완된 상태는, 혀의 앞 끝이 아랫니 뒤 잇몸 부분에 편안하게 닿아 있고 혀의 앞날 역시 아랫니와 치아 뿌리의 경계선을 따라 편안하게 떨어져 있는 상태이다.

③ 혀의 상태를 확인했다면, 이제 혀끝을 아랫니 뒤에 가볍게 붙여 두고 입을 1.5 센티미터 정도로 살짝 연 상태에서 입 안에서 혀를 가볍게 흔들어준다는 느낌으로 앞으로 밀었다가 제자리에 놓는 것을 반복한다. 이때 혀끝은 계속 아랫니 뒤 잇몸에 닿아 있어야 한다.

④ 안도의 한숨을 쉬면서 한숨이 나가는 동안 혀를 천천히 부드럽게 흔들어준다. 이러한 혀 흔들기를 반복한다.

⑤ 이번에는 진동의 안도의 한숨을 내쉬면서 혀 흔들기를 한다. 이때 주의할 점은 혀 흔들기를 하는 동안 턱이 움직이지 않는 것이다. 만약 혀가 움직일 때마다 턱이 같이 움직이고 있다면, 코르크 마개를 1.5 센티미터 정도로 잘라서 어금니 사이에 끼운 상태에서 혀 흔들기를 하면 쉽게 적응이 될 것이다.

⑥ 진동의 안도의 한숨을 쉬면서 혀 흔들기를 하는 동안에는 자신의 목소리를 듣지 않고 마음을 혀의 움직임에 집중하도록 유의한다. 음계를 따라 진동의 안도의 한숨을 쉬면서 혀 흔들어주기를 반복한다.

⑦ 이번에는 '횡격막', '입천장', '두개골'이라는 우리 몸의 세 개의 아치를 마음의 눈으로 그려본다. 진동의 안도의 한숨을 내쉬면서 직선으로 뻗어 올라오는 진동의 한숨이 횡격막과 입천장, 두개골을 차례로 통과하는 이미지를 마음속에 그려본다.

⑧ 진동의 안도의 한숨이 세 개의 아치를 통과하는 동안 혀 흔들기를 하면서 소리가 나가는 동안 혀가 긴장하지 않도록 한다. 이 과정을 다양한 속도로 바꿔가면서 음계를 따라 여러 번 반복한다.

한 가지 잊지 말아야 할 것은 호흡이 얕고 부족할 때 혀는 긴장이 된다는 사실이다. 소리가 나갈 때 혀가 편안한 상태를 유지하도록 계속해서 깊은 안도의 한숨을 쉬듯 소리를 내는 연습을 해 보자.

연습 2

① 이제 혀의 앞부분이 사용되는 자음을 연습해보자. 먼저 ㅌ이다.

② 혀의 앞날을 윗니의 바로 뒤 경구개의 모서리에 붙여서 공기와 소리가 입 밖으로 나가지 않도록 가둔다. 이때 혀끝과 앞날에 힘이 들어가지 않도록 주의한다.

③ '프―'를 소리 낼 때와 마찬가지로, 이번에는 혀를 입천장에서 떼어낼 때 입 안에 가두어져 있던 공기가 압력을 가지고 '트―' 소리가 터져 나온다. 이것을 여러 번 반복한다.

④ 다양한 모음에 ㅌ을 붙여서 연습해 본다.

　　　타아― 타아― 타아―
　　　티이― 티이― 티이―
　　　테에― 테에― 테에―

⑤ 다양한 속도로 연습해 본다.

　　　타타타 티티티 티티티

① 이번에는 ㅌ과 같은 혀의 위치에서 혀의 앞날과 경구개가 떨어질 때 유성음의 ㄷ이 입
  밖으로 밀려 나간다. 경구개에서 떨어진 혀는 즉각적으로 아랫니 뒤의 치아와 잇몸의 경
  계로 편하게 떨어진다.

② 다양한 모음에 ㄷ을 붙여서 연습해본다.

  다아— 다아— 다아—
  디이— 디이—
  데에— 데에— 데에—

  강하고 민첩한 진동의 소리가 마치 내 말끝으로 무겁게 떨어지는 듯한 ㄷ의 질감을 느끼
  면서 다양한 모음에 다양한 속도로 연습해 본다

  ㅈ 역시 ㄷ과 마찬가지로 혀의 앞부분이 경구개의 끝부분과 붙었다가 떨어지면서 만들어
지는 유성음이다. 경구개에서 떨어진 혀는 아랫니 뒤의 잇몸을 따라 편안하게 떨어진다.

  지이— 지이— 지이—
  자아— 자아— 자아—
  제에— 제에— 제에—
  주우— 주우— 주우—
  줘어— 줘어— 줘어—

① 이번에는 다시 ㅌ과 같은 혀의 위치에서 ㄴ을 연습해 보자. ㄴ은 입 안에 가두어진 소리
  가 코로 올라가서 공명되어 나오는 비성이라는 점에서 ㅁ과 유사하다. 혀의 앞날이 경구
  개와 치아의 경계선을 따라 붙어 있을 때 그 뒤에 가두어진 지속되는 음 ㄴ은 입 밖으로
  나오지 못한 상태에서 코로 간다. 코에서 공명이 되던 소리는 혀가 아래로 떨어지자마자
  입 앞으로 ㄴ의 소리로 쏟아져 나온다. ㄴ의 비성의 질감을 충분히 느끼면서 여러 번 반
  복한다.

② 다양한 모음에 ㄴ을 붙여서 연습해본다.

  나아— 나아— 낭—

니이– 니이– 니이
네에– 네에– 네에–

가끔 ㄴ의 비성이 약해서 마치 ㄷ과 유사하게 소리가 나는 것을 발견하게 되는 경우가 있다. ㄴ과 ㄷ을 명확하게 구분된 소리로 발음하기 위해 이 둘을 함께 붙여서 연습을 해보는 것도 좋다.

니니니– 디디디–
나나나– 다다다–
네네네– 데데데–

연습 6

① 이번엔 ㄹ을 연습해 볼 차례이다. 우리 말의 ㄹ은 ⓐ 혀끝이 경구개의 앞부분과 붙었다가 떨어지는 소리와, ⓑ 혀의 앞날이 경구개의 앞부분과 중간의 사이 지점을 쓸면서 나오는 소리, 두 가지로 구분이 된다고 볼 수 있다.

예를 들어 '사랑', '목소리', '나라', '드라마', '다루다', '아래'와 같은 단어에서, ㄹ 소리는 혀의 앞날이 경구개의 앞과 중간의 사이 지점을 빠르고 가볍게 스치듯 쓸면서 나온다.

반면, '떨리는', '갈라놓다', '라일락' 등과 같이 ㄹ이 연이어 있거나 '날카롭다', '연결하다', '들숨' 등과 같이 받침의 ㄹ 다음에 자음이 이어질 경우, ㄹ 소리는 혀끝이 경구개의 앞부분에 붙었다가 떨어지면서 나오게 된다. 그러므로 ㄹ은 이러한 두 가지의 경우를 구별해서 연습을 할 필요가 있다.

간혹 이 두 가지의 ㄹ 발음이 구별되지 않은 채 말해지거나 두 가지의 경우가 애매하게 혼동이 되어 명확하지 않은 소리로 발음되는 경우를 보게 될 때가 있는데, 그러한 경우 본인 스스로가 이를 인식하지 못하기도 한다. 어떤 사람들은 ㄹ을 발음할 때 불편하다고 느끼면서 그 문제점이 어디에서 비롯되는지를 알고 싶어한다. 그런 사람들은 조급하게 생각하지 말고 혀의 이완 연습과 정확한 혀의 위치를 천천히 시간을 들여서 꾸준히 연습을 해 나간다면 ㄹ 발음의 문제점들을 충분히 해결해 나갈 수 있을 것이다.

② ㄷ 보다는 보다 가벼운 느낌으로 혀끝에서 던져지는 ㄹ 발음을 연습해 보자. 떨어진 혀는 반드시 즉각적으로 아랫니 뒤의 잇몸을 따라 편안하게 놓여있어야 한다. 입천장의 경구개에서 혀가 떨어진 이후에 혀가 아랫니 뒤를 따라 떨어져 있지 않고 들려 있거나, 혀끝에 힘이 들어가서 뾰족해진 긴장의 상태는 ㄹ 발음과 관련하여 우리가 흔히 발견하게 되는 혀의 긴장된 상태이다.

③ 모음에 ㄹ을 붙여서 ⓐ와 ⓑ의 두 가지의 혀의 위치와 움직임으로 연습해 본다.

3. 혀의 뒷부분이 움직여서 만들어지는 자음 – ㄱ, ㅋ

ㄱ과 ㅋ은 혀의 뒷부분과 경구개의 뒷부분, 즉 연구개의 바로 앞부분이 닿았다가 떨어지면서 나는 소리이다. 혀의 뒷부분이 주인공으로 사용되는 소리는 자음의 ㄱ, ㅋ과 모음의 ㅇ 정도이지만, 목구멍 근처 혀의 뒷부분과 연구개는 우리의 발음과 음성 전체에 커다란 영향을 끼치는 부분이다. 가끔 우리는 일상에서 목소리가 목구멍 근처에서 입 밖으로 나오지 못해 둔탁하고 불분명한 소리와 발음으로 말을 하는 사람들을 볼 때가 있다. 또 다르게는, 혀의 뒤가 긴장되어 솟아올라 있고 연구개가 게으르게 늘어지듯 내려와 있어서 소리가 목구멍 뒤에 갇혀 입 밖으로 나오지 못하고 코로 올라가게 되어 가늘고 맹맹한 콧소리가 되는 경우도 볼 수 있는데, 이 역시 연구개와 혀 뒤 부분의 문제로 인해 발생하는 흔한 경우이다. 그러므로 이번에는 ㄱ, ㅋ을 연습하기에 앞서 혀 뒤의 움직임을 관찰하고, 연구개를 이완하고 들어주는 연습을 해 보자. 연구개 운동의 훈련을 통하여 일상에서 연구개 이완 연습을 습관화하도록 하고, 소리가 나오는 첫 번째 문인 목구멍이 막히지 않는 느낌을 자각하고 생활화하도록 해보자.

연습 1

① 거울로 자신의 목구멍을 잘 관찰해보자. 입천장의 딱딱한 경구개 부분을 지나면 목젖이 포함된 부드러운 살과 근육으로 이루어진 연구개가 보인다.

② 연구개 바로 아래인 혀의 뒤쪽도 관찰해 보자. 혹시 혀가 연구개를 향해 위로 솟아있지는 않은가? 그렇지 않다면 혹시 혀 전체가 목구멍 쪽으로 당겨져서 혀가 목구멍을 막고 있지는 않은가? 혀의 앞끝을 아랫니 뒤 잇몸에 편하게 붙인 상태에서 혀의 뒤도 편안하게 떨어뜨려 보자. 굳이 힘을 주어 누를 필요는 없다. 혀의 긴장을 풀고 편안하게 떨어질 수 있도록 하자.

③ 거울로 자신의 목구멍을 들여다보면서 하품을 해 보자. 하품을 하는 시늉이 아니라 실제로 눈물이 찔끔 나올 정도로 진짜로 하품을 해야 한다. 하품을 하면서 자신의 연구개를 살펴보자. 연구개와 목젖이 위로 붙어서 안 보이게 되는 것을 확인해 보자. 그러면 목구멍 안쪽이 들여다보일 것이다.

④ 다시 한 번 하품을 하면서 연구개 아래 부분의 혀를 관찰해 보자. 하품을 할 때 혀가 목구멍 쪽으로 당겨지거나 위로 들어올려져서 목구멍을 막지 않도록 긴장을 풀고 편안하게 떨어뜨려보자. 목구멍이 한층 더 활짝 열릴 것이다. 연구개는 들려있고 혀는 떨어져 있다. 목구멍 안쪽이 훤히 들여다보일 정도로 목구멍이 열려있는 것을 확인할 수 있을 것이다.

⑤ 계속해서 몇 번 더 하품을 하면서 연구개를 들고 혀를 떨어뜨려 목구멍이 활짝 열린 상태를 느껴보고, 눈으로도 확인한다.

연습 2

① 혀의 뒷부분을 들어 올려 연구개의 앞부분과 만나게 한다. 혓바닥으로 연구개를 지그시 눌러본다. 그러다가 혀 뒤와 연구개를 빠르게 떨어뜨리면서 그 뒤에 갇혀있던 공기가 터져 나오도록 한다. 그때 생기는 소리는 '카아ー'에 가까운 소리이다.

② 이번에는 조금 전과 마찬가지로 혀로 연구개를 지그시 누르는데 조금 전보다는 그 누르는 강도를 약하게 해 본다. 그리고 혀와 연구개가 떨어지면서 무성음으로 터져 나오는 소리는 조금 전보다는 압력이 낮은, 조금 더 부드러운 소리의 '카아ー'이다.

③ 이렇게 혀로 연구개를 누르는 압력을 다양하게 하면서 여러 번 '카아ー'를 소리 내 보고 그 각각의 소리의 차이를 느껴본다. 너무 세지도 너무 약하지도 않은 경쾌하고 선명한 '카아ー'를 찾아본다.

④ 안도의 한숨을 내쉬면서 '카아ー'를 하고, 다시 새로운 공기를 들이마시면서 '카아ー'를 한다. 날숨에서 '카아ー', 들숨에서 '카아ー', 이때 날숨과 들숨 시에 나의 연구개에 닿은 공기의 온도 차이를 느껴보자. 날숨 때는 따뜻한 공기가, 들숨 때는 차가운 공기가 연구개에 닿을 것이다. 들숨 때마다 연구개의 점점 더 많은 부분에 차가운 공기가 닿게 해 보자.

⑤ '카아ー'를 소리 낼 때마다 연구개가 마치 하품을 할 때처럼 위로 들려서 목구멍이 활짝 열리게 한다. 혀 역시 편안하게 아래로 떨어지도록 한다.

⑥ 계속해서 날숨과 들숨을 반복하면서 '카아ー'를 연습하되, 이번에는 들숨 때 들어온 공기가 골반까지 바로 내려간다는 이미지를 가져보자.

⑦ 이것을 천천히 반복하면서 익숙해지기 시작하면 속도를 점점 빨리 해서 연습해 본다.

⑧ 다양한 모음에 붙여서 ㅋ을 연습한다.

카아– 카아– 카아–

커어– 커어– 커어–

케에– 케에– 케에–

연습 3

① 이번에는 같은 혀의 위치에서 ㄱ을 연습해 본다. ㄱ은 ㅋ과는 달리 유성음이므로 울림이 터져 나오는 느낌에 집중해 본다.

가아– 가아– 가아–

거어– 거어– 거어–

게에– 게에– 게에–

② 혀와 연구개 연습을 하면서 호흡과의 연결성을 유지하도록 한다.

③ 들숨에서 '카아–'를 하며 골반 바닥까지 들어간 공기가 '하이–'하는 진동의 소리가 되어 입 밖으로 나간다. 이 진동의 소리는 목구멍의 연구개를 부딪히고 입천장과 윗니를 지나 입 밖으로 멀리멀리 포물선을 그리며 막힘 없이 날아가는 소리이다. '하이이이이––––' 이것을 서너 번 반복해 본다.

이 모든 과정에서 잊지 말아야 할 것은 어떠한 입 모양에서도 턱이 자유롭게 떨어질 수 있도록, 턱에 긴장이 들어있지 않아야 한다는 점이다. 또한 이 연습 과정에서는 혀의 뒷부분과 연구개만 사용되어야 한다. 혀의 중간이나 앞부분이 움직이거나 턱이 움직이지 않도록 주의하자.

4. ㅅ을 발음할 때의 문제점

우리말의 발음에서 가장 많은 오류를 발견하게 되는 자음 중의 하나가 ㅅ(시옷)이다. ㅅ을 잘못 발음하는 대부분의 경우는 혀끝이 윗니에 닿거나 스치면서, 또는 혀끝이 윗니 바깥으로 빠져나오면서 발음이 이루어지기 때문에 생긴다. 방송인 노홍철의 발음을 떠올려 보면 쉽게 이해할 수 있을 것이다. 정도의 차이는 있겠지만 이와 같은 ㅅ 발음의 잘못된 혀의 위치 문제를 갖고 있는 사람들은 꽤 흔해서 그들 스스로 문제를 인식하지 못하는 경우도 적지 않다.

우리말의 ㅅ을 발음할 때에는 혀끝이 위로 올라가지 않는다. 혀끝이 아랫니 뒤쪽으로 편안히 떨어져 있다. 반면에 움직이는 곳은 혀끝이 아닌 혀의 옆 날이다. 혀의 옆 날이 윗니의 안쪽 잇몸과 윗니의 경계선에 닿아있고 혀끝은 윗니에서 다을락말락하게 떨어진 채 소리와 공기가 앞니 사이의 공간을 강하게 빠져나가면서 소리가 만들어진다.

입 밖으로 빠져나가는 공기의 압력을 느끼면서 다양한 모음에 ㅅ을 붙여 연습해보자.

> 사사사 시시시 소소소
> 서서서 세세세 수수수
> 수소, 수사슴, 선생님, 사실은, 시시하다, 세세한, 소수의, 신세……

혀의 위치가 올바른데도 불구하고 ㅅ의 발음이 선명하지 않다면, 그것은 혀끝의 힘이 너무 풀어져 있기 때문일 수가 있다. 혀와 치아 사이로 빠져나가는 공기의 압력을 컨트롤할 수 있을 정도의 힘이 혀끝에 있는지 확인하면서 꾸준히 연습해보자. ㅅ의 발음을 교정하는 것은 보통 시간이 많이 걸린다. 일상의 말하기에서 꾸준히 노력하도록 하자.

5. 소리와 발음을 결합하기

조음의 과정을 자세하게 살펴보았으니 이제 발음과 소리가 연결성을 갖도록 연습해볼 차례이다. 결국 말이란 소리가 조음의 과정을 거쳐서 발화되는 것이므로 발성과 발음을 하나로 결합하여 연습을 해보아야 한다.

앞에서 우리는 호흡과 발성에 대해 다루었다. 그것이 나의 것으로 체화되기 위해서는 꾸준한 연습이 필요하다. 원리들을 바탕으로 다양한 방법들을 응용하고 활용해 볼 수 있을 것이다. 여기서는 특별히 움직임을 바탕으로 하는 발성 훈련을 발음과 결합시켜 연습을 해보도록 하자.

발음은 사실 복잡한 과정이다. 그것이 문장이 되고 긴 대사가 되고 긴 말하기가 되고 긴 발표나 연설이 되었을 때에는 사고와 감정이라는 더욱 복잡한 것들이 결합된다. 소리에만 온전히 집중하는 것을 넘어서 매우 복잡하고 신경 써야 할 것들이 많아지는 상태가 되는 것이다. 그러면 긴장이 조성되고 그것은 발성과 발음 모두를 위축시킨다. 움직이면서 소리를 내는 것은 호흡을 더 많이, 깊게 들이마시게 할 뿐만 아니라 긴장에서 비롯되는 다양한 문제들을 해소하여 호흡과 발성이 자연스러운 한 번의 과정이 되도록 하는 데에 도움을 준다.

연습 1

팔을 흔들면서 소리내기

① 목과 어깨의 긴장을 완전히 풀어서 머리가 자연스럽게 숙여진 상태로 선다.

② 코로 깊게 호흡을 들이마시면서 한쪽 팔을 위로 든 다음 호흡을 내쉬면서 팔을 아래로 툭 떨어뜨린다. 팔의 힘을 완전히 풀고 떨어뜨려야 한다.

③ 새로운 호흡을 들이마시면서 반대편 팔을 위로 들어 올려서 같이 반복한다.

④ 이번에는 팔이 떨어질 때 날숨 대신에 소리의 진동이 컨트롤되지 않은 상태로 자유롭게 몸 밖으로 빠져나간다. 이것을 양쪽 팔을 번갈아가면서 여러 번 반복한다.

⑤ 진동의 안도의 한숨 대신에 다양한 자음과 모음을 가지고 연습해 본다.

⑥ 자신이 암송할 수 있는 시나 대사, 혹은 노래 가사를 가지고 연습해 본다. 대사를 하는 동안 어디서 끊어 읽을 것인지, 어떻게 의미를 전달할지 등을 생각하느라 호흡과 발성이 가로막지 않도록 유의한다.

다음은 노천명의 시 〈사슴〉이다. 이 시를 가지고 위의 내용을 연습해 보자. 한 호흡에 한 줄씩 읽는다.

연습 2

모가지가 길어서 슬픈 짐승이여.
언제나 점잖은 편 말이 없구나.
관(冠)이 향기로운 너는

무척 높은 족속이었나 보다.

물속의 제 그림자를 들여다 보고
잃었던 전설을 생각해 내고,
어찌할 수 없는 향수에
슬픈 모가질 하고
먼 데 산을 바라 본다.

노천명의 시 〈사슴〉

다음의 대사를 위 아래로 점프하면서, 가슴을 치면서, 목을 돌리면서, 달리면서 대사해 본 후 제자리에 서서 대사해 본다. 두 손을 머리에 올려놓고 가슴이 열린 상태에서 허밍을 하고 대사를 읽어 본다.

연습 3

또 다른 말도 많지만
삶이란
나 아닌 그 누구에게
기꺼이 연탄 한 장 되는 것

방구석 선들선들해지는 날부터 이듬해 봄까지
조선 팔도 거리에서 제일 아름다운 것은
연탄차가 부릉부릉
힘쓰며 언덕길 오르는 거라네

해야 할 일이 무엇인지 알고 있다는 듯이
연탄은 일단 제 몸에 불이 옮겨 붙었다 하면
하염없이 뜨거워지는 것
매일 따스한 밥과 국물 퍼먹으면서도 몰랐네

온 몸으로 사랑하고 나면
한 덩이 재로 쓸쓸히 남는 게 두려워
여태껏 나는 그 누구에게 연탄 한 장도 되지 못하였지

생각하면

삶이란

나를 산산이 으깨는 일

눈 내려 세상이 미끄러운 이른 아침에

나 아닌 그 누가 마음 놓고 걸어갈

그 길을 만들 줄도 몰랐네. 나는

안도현의 시 〈연탄 한 장〉

자음을 연습할 때 염두에 두어야 할 점들 중 하나는, 목소리의 볼륨이 커질수록 자음을 발음하는 압력도 커져야 한다는 것이다. 그렇지 않으면 소리만 커질 뿐 전달력은 얻어지지 않는다.

6. 심화연습

다음의 연습은 자음, 모음의 질감과 소리를 결합시키는데 도움이 되는 흥미로운 연습법이다. 이 연습은 크리스틴 링클레이터의 저서 『자유로운 음성을 위하여』에서 발췌, 인용한 것이다. 즐거운 마음으로 자신의 느낌에 집중하면서 활기차게 연습해 보길 권한다.

① 마치 손으로도 말을 하는 것처럼, 소리가 나갈 때 손의 움직임을 이용해보자. 손으로 소리를 끌어 올리거나 부드럽게 마사지하거나, 몸통을 두드려서 소리를 내보내 본다.

② "주우우우우" 하는 소리가 나가는 동안 다리와 골반을 아래 위로 흔들어 주면서 몸통의 가장 아래 부분인 골반에 가득 차 있는 소리의 진동을 흔들어준다고 상상한다.

③ 이제 골반에서 배로 올라와 보자. 배에 커다란 입이 있다고 상상하고 그 배의 입으로 "워우우어" 하는 소리가 몸통 가운데에서부터 울려나온다.

④ 횡격막/명치에 마음을 집중하고 그곳에서부터 "샤어어- 아어- 아어" 하는 긴 소리가 나온다. 마치 명치에서 버튼이 눌러져서 그 곳으로부터 소리가 나온다는 느낌이다.

⑤ 이제, 주먹 하나는 가슴 바로 앞에 대고, 다른 주먹은 바로 등 뒤 같은 위치(양 어깻

죽지의 뼈 사이)에 댄다. 마치 소리가 가슴을 관통하며 양방향으로 나가듯이 "가ㅎ" 소리가 터져 나온다. 이와 동시에, 주먹을 앞뒤로 뻗는다.

⑥ 양손을 쇄골 아래의 윗가슴에 대고 "음ㅁㅁㅁ" 소리에서 시작하여 넓고 따뜻하게 열리는 듯한 소리 "마아아아아"가 길고 편안하게 나온다. 이때 양팔이 가슴을 옆으로 쓸면서 양 옆으로 쫙 뻗어 나간다. 나 자신이 양 팔끝 멀리멀리까지 확장된다는 느낌으로 편안하고 긍정적인 울림이 손을 따라 퍼져나간다.

⑦ 이번에는 짧은 키스를 날리듯이 손가락을 입술에 댔다가 떼면서 "퍼ㅎ" 하는 소리가 가볍게 손가락을 따라 터져나간다. 입술에 모였던 공기가 손가락과 함께 터져 나온다.

⑧ 입술에 이어 이번에는 입 안 공간에서 울려나오는, 우리에게 익숙한 진동이다. 신비스럽고 모호한 "허-허-허-ㅎ"소리가 이완된 상태로 긴 한숨처럼 흘러나온다.

⑨ 조금 더 올라와서 이번에는 손가락을 뺨에 올려놓고, 짧고 폭발하는 듯한 외향적인 강한 소리 "배" 소리가 입술로부터 바로 뺨 중간을 통해 나온다. 강하고 밝으면서 생기 있는 소리가 나도록 한다.

⑩ 광대뼈로 올라가자. 콧날 바로 양 옆에 있는 광대뼈 언저리를 손가락으로 만져보자. 그곳에 손가락을 올려놓고 혀끝에서부터 "데ㅎ" 하는 소리를 튕기면서 손가락의 움직임과 함께 내보낸다. 입 앞으로 나와서 명랑하게 위를 향해 나가는 소리이다.

⑪ 이제 눈높이까지 올라왔다. 눈알 둘레의 둥근 뼈들을 만져보자. 두개골의 눈구멍을 마음속에 그려본다. 눈을 둘러싼 부위가 얼마나 연약한지를 만져보자. 거의 투명하게 느껴지는 진동이 우리의 유약함, 놀람, 경이, 천진난만함, 당황함을 표현하면서, 이 부분에서 흘러나온다. "페에이-에이".

⑫ 이마 정중앙에서 핀으로 찌르는 듯이 뛰어오르는 "키" 소리가 빠르게 튀어나온다.

(크리스틴 링클레이터 저, 『자유로운 음성을 위하여』에서)

다음은 발음연습을 위한 연습표이다. 지금까지 살펴 본 입모양과 혀의 위치, 각 자음과 모음의 질감에 집중하면서 다음의 발음들을 꾸준히 연습해 보자.

```
가 갸 거 겨 고 교 구 규 그 기 게 개 괴 귀
나 냐 너 녀 노 뇨 누 뉴 느 니 네 내 뇌 뉘
다 댜 더 뎌 도 됴 두 듀 드 디 데 대 되 뒤
라 랴 러 려 로 료 루 류 르 리 레 래 뢰 뤼
마 먀 머 며 모 묘 무 뮤 므 미 메 매 뫼 뮈
바 뱌 버 벼 보 뵤 부 뷰 브 비 베 배 뵈 뷔
사 샤 서 셔 소 쇼 수 슈 스 시 세 새 쇠 쉬
아 야 어 여 오 요 우 유 으 이 에 애 외 위
자 쟈 저 져 조 죠 주 쥬 즈 지 제 재 죄 쥐
차 챠 처 쳐 초 쵸 추 츄 츠 치 체 채 최 취
타 탸 터 텨 토 툐 투 튜 트 티 테 태 퇴 튀
하 햐 허 혀 호 효 후 휴 흐 히 헤 해 회 휘
```

발음이라는 복잡한 과정은, 궁극적으로 전달하고자 하는 정서와 생각의 뿌리와 연결되어 있어야 한다. 발음 훈련이 호흡과의 연결성에서 이루어져야 하는 이유가 바로 거기에 있다. 발음이 호흡 및 소리의 진동과 연결되어 있지 않다면 아무리 정확한 발음이라고 할지라도 그것은 단지 명확하게 들리는 공허한 소리일 뿐이다. 또박또박하게 정확한 발음에만 몰두하여 유려하게 말이나 대사를 할 때 그 깊이나 진심이 잘 느껴지지 않는 경우를 우리는 종종 발견하게 되기도 한다.

다음의 인용문을 천천히 읽어보자. 의미와 정서감에 집중하면서도 자음과 모음의 에너지와 질감을 유지하도록 한다.

어떻게 시작할까요……. 음……. 그러니까, 지난 1월에 우리가 함께 했던 그때 이후로 난 댁에 대한 생각을 멈출 수가 없어요. 두 번 생각 할 것도 없이 그때 그 일은 내 인생 최대의 사건이라고요. (중략) 나는요, 이 끔찍한, 영혼을 갉아먹는 나 자신의 생각 속에 갇혀서 살고 있어요. 그래요, 세상엔 끊임없는 악몽에 시달리고 온갖 정신적 질병에 고통을 받고, 그 지독한 상사병인지 뭔지에 미쳐 있는 사람들이 널리고 널렸어요. 안다고요. 그런데도 이게, 쉽지가 않단 말이에요. 댁과의 시간에 대한 생각들을 가지고 살아간다는 게. 어떨 때는 그냥 사라져 버리는 게 유일한 방법이 아닐까 싶기도 해요. 그냥 끝내는 거예요. 무슨 말인지 알아요?

이런 생각을 해 보기도 했어요. 강아지 그림을 그려볼까. 시를 써볼까. 희곡을 써볼까. 그러는 동안 그 생각들을 내 머리 속에서 완전히 밀어낼 수 있지 않을까. 근데 그것도 잘 안됐어요……. 근데 당신을 만나고 나니까……. 모르겠어요, 내가 다시 세상 속에 있는 듯한 느낌이예요. 그리고 내 머리 속에 있는 것들이, 모르겠어요……. 잠시 늦춰진 것 같아요. 왜 그런지는 나도 모르겠어요. 사실 나는 댁을 거의 모르지만, 난 댁을 알아요. 암스테르담의 그 방에서, 댁이랑 나랑……. 뭔가가 일어났어요.

그리고 이건 완전히 무슨 뉴에이지 심령술 같은 소리처럼 들릴지 모르겠지만, 난 가끔 눈을 감고 당신에게 생각들을 보내요. "크리스티나. 잘 지내고 있어요? 당신이 살고 있는 그 도시에서 모든 일들이 다 잘 됐으면 좋겠어요……. 몸 조심해요……. 사랑해요.

(강수진 역 〈레드 라이트 윈터〉 중에서)

7장

모음과 자음의 결합/ 발음상의 오류들

이번 장에서는 각각의 자음과 모음 연습을 바탕으로, 실제로 말을 할 때나 문장을 읽을 때 발생하게 되는 발음상의 주된 문제점들 중 몇 가지를 짚어보고, 텍스트를 가지고서 그러한 문제점들의 해결에 대한 연습을 해보도록 하자.

우리는 흔히 말을 하거나 글을 읽을 때 발음을 정확하게 하기 위해서 입을 크게 벌리려고 한다. 웅얼거리지 않고 열심히 발음을 하고자 하는 마음에서 이루어지는 이러한 노력은, 그러나 오히려 턱에 불필요한 긴장을 만들어 발음을 더욱 경직되게 만드는 역효과를 가져올 뿐만 아니라 실질적으로는 발음의 정확성에 도움이 되지 않는 경우가 적지 않다. 앞장에서 살펴보았듯이 정확한 발음은 조음기관인 입술과 혀의 유연함과, 그것을 바탕으로 하는 정확한 입모양과 정확한 혀의 위치에 의해 만들어진다.

지금부터 턱과 혀에 긴장이 생기지 않도록 유의하면서 발음에 집중하여 아주 느린 속도로 다음의 텍스트를 한 번 읽어보도록 하자.

> **연습**
>
> 도스토옙스키는 모든 인간에게 가장 끔찍한 벌은 '평생 동안 아무 쓸모도 의미도 없는 일을 하도록 만드는 것'이라고 했다. 그의 말처럼 '의미'는 정말 중요하다. 앞에서도 말했지만 의미는 몰입, 자유와 함께 성취감을 느끼게 해주는 직업의 세 가지 핵심 요소다. 그러나 도스토옙스키가 말한 의미라는 것이 정확하게 어떤 뜻인지, 어떻게 찾아야 하는지는 좀 애매한 게 사실이다.
>
> 이번 장에서는 직업을 의미 있게 만들어주는 다섯 가지 측면을 살펴보고자 한다. 그 다섯

가지는 다음과 같다.

첫째는 '돈'을 버는 것,
둘째는 사회적 '지위'를 획득하는 것,
셋째는 더 나은 세상을 만드는 데 '기여'하는 것,
넷째는 '열정'을 따르는 것,
다섯째는 '재능'을 활용하는 것이다.

이 다섯 가지는 일에서 추구할 수 있는 의미인 동시에, 거꾸로 말하면 당신을 특정한 직업으로 이끄는 동기부여의 원천이기도 하다.

(로먼 크르즈나릭 저, 『인생학교: 일』에서)

소리를 내어 읽는 동안 자신의 발음상의 문제점들이 이전보다는 조금 더 구체적으로 발견이 되는가? 그렇다면 다음의 사항들을 체크하면서 자신이 소홀히 하고 있던 점들 몇 가지나 발견할 수 있는지 한 번 살펴보자.

1. 소리 나는 대로 써 보자

각각의 자음과 모음을 연습하거나 하나의 음절을 가지고 연습할 때와는 달리, 단어 및 문장을 가지고 연습을 할 때에는 소리 나는 대로 읽기를 염두에 두어야 한다. 필요하다면 각 단어와 문장을 읽을 때 실제로 어떻게 소리가 나는지를 직접 써 보면서 연습하는 것이 많은 도움이 된다.

구체적인 연습을 위하여 다음에 인용한 예문을 한 번 소리 내어 읽어보도록 하자. 인용된 내용은 황정은의 소설 〈문〉의 첫 시작 부분이다. 첫 번째 문장의 경우, 이를 소리가 나는 대로 써 본다면, "엠의 등 뒤에는 나미 볼쑤 엄는 무니 하나 읻썯따"가 될 것이다. 이와 같은 다음의 문장들을 소리가 나는 대로 써 보면서 연습을 해 보자.

M의 등 뒤에는 남이 볼 수 없는 문이 하나 있었다. 때때로 이 문이 열렸다.

첫 번째로 열린 것은 M이 열다섯 살 때였다. 하지만 그전에 벌써 열렸던 적이 있을지도 모르겠다. M의 기억이 아직 시작되지 않은 곳에서 서너 번쯤은. 그런 것을 열외로 하고 보면 분명 첫 번째로 문이 열렸던 것은 열다섯 살 때였다.

M은 열다섯 살 때까지 할머니와 살았다. 할머니는 조그맣고 조용한 사람이었다. 할머니는 커피를 좋아했다. 천을 덧대서 양말을 기워 신고 큰 옷을 얻어다 작게 줄여 입거나 직접 만들어 입었지만 커피만은 언제나 고급으로 마셨다. 할머니의 큰 즐거움이었다. 백화점에서 가장 좋은 원두를 사다가 다람쥐처럼 선반에 저장해두고, 매번 작은 스푼으로 원두 알을 세어서, 그라인더에 넣고 직접 갈아 먹었다. 할머니는 언제나 흡족한 표정으로 그라인더의 손잡이를 돌렸다. 드르륵. 드르륵. 나도 줘, 라고 M이 말하면 할머니는 커피로 착색된 이를 보이면서 조그맣게 웃었다. 할머니의 커피는 보리차처럼 연하고 맛이 좋았다.

(황정은의 소설 〈문〉에서)

2. 이중모음을 정확하게 발음하자

앞 장에서 우리는 모음에 관한 연습을 해 보았다. 그런데 일상생활에서 우리는 이중모음을 얼마나 꼼꼼하게 발음하는 습관을 가지고 있는지 생각해 보자. 가장 쉽게 들 수 있는 예로 '의사'가 있을 것이다. '의사'는 ㅡ(으)와 ㅣ(이)가 결합이 된 이중 모음이다. 이것을 '으사'로 발음하거나 '이사'에 가깝게 발음하는 사람들이 적지 않다. '과자'를 '가자'로 발음하는 식의 경우도 흔하다. 이중모음을 바르게 말하는 습관은 한동안의 의식적인 노력이 필요하지만 스스로가 일상에서 조금만 신경을 쓴다면 가장 쉽게 고칠 수 있는 것이기도 하다.

"의"의 발음에 대해서 신은경 아나운서는 이렇게 설명하고 있다. 그녀의 설명이 매우 쉽고 명확하여 유익하므로, 그에 대한 경의를 표하기 위해 길게 직접 인용해 보도록 하겠다.

'의' 발음은 세 가지 경우에 따라 각각 다르게 발음한다. 먼저 첫소리로 나오는 '의'는 이중모음으로 '으'와 '이'를 재빨리 연달아서 발음해야 한다. 예를 들어 '의사'는 '으이사'로, '의용군'은 '으이용군'으로, '의대'는 '으이대'로, '의무'는 '으이무'

로 발음한다.

　두 번째는 조사로 사용할 때이다. 조사로서 사용하는 '의'는 '에'라고 발음한다. '나의 살던 고향은'은 '나에 살던 고향은'으로 발음한다. '나의 조국'은 '나에 조국', '우리의 소원'은 '우리에 소원'으로 발음해야 맞다. 요즈음은 '의'와 '에'를 혼용해서 사용하기를 허용하기도 하지만, 말하기에서는 '에'라고 발음하는 것이 훨씬 편하다는 것을 느낄 수 있다. 마지막으로 '의의'처럼 두개의 '의'가 겹칠 때 첫 음은 음가를 전부 발음하여 '의', 둘째 음절 이하의 '의'는 '이'라고 발음한다. 그래서 '의의'는 '의이'라고 발음해야 한다.

　같은 '의'라고 해도 이렇게 발음이 제각각이다. 그렇다면 '민주주의의 의의'를 한 번 발음해보자. '의'가 여러 번 나오니 다소 복잡하게 보이지만, 앞에서 말한 규칙대로 잘 따라 발음해본다 '민주주의의 의의'는 '민주주이에 의이'라고 발음해야 정확한 것이다. 가끔 특정지역 출신의 사람들이 '나의 고향'을 '나으 고향' '우리의 소원'은 '우리으 소원'이라고 발음한다. 특히 '으'를 아주 강조하여 말한다. 그러나 어떤 경우에도 '으'라는 발음은 없다. '으사' '으자' '으심' 등으로 발음하는 것은 표준어에는 없다.

(신은경 저, 『신은경의 차차차!』에서)

이중모음 연습을 한 번 해 보자.

ㅢ(의)는 입이 작게 열리면서 혀와 입천장 사이가 가깝다.

ㅢ: ㅡ와 ㅣ를 따로 연습하다가 조금씩 빠르게 붙여서 발음해 보자.

> 으ㅡ이ㅡ 으ㅡ이ㅡ 으ㅡ이~ 으이 으이 으이~ 의의의~

ㅝ(워)와 ㅞ(웨)는 입이 반쯤 열리면서 혀와 입천장 사이가 중간 정도이다. 입이 너무 적게 열리거나 너무 많이 열리지 않도록 주의하면서 연습해보자.

> 워ㅡ워ㅡ워 웨ㅡ웨ㅡ웨ㅡ 워ㅡ워ㅡ워ㅡ 웨ㅡ웨ㅡ웨

다양한 자음을 붙여 연습해본다.

> 궈궈궈, 눠눠눠, 둬둬둬, 뭐뭐뭐, 붜붜붜, 숴숴숴, 줘줘줘, 춰춰춰,
> 쿼쿼쿼, 퉈퉈퉈, 풔풔풔, 훠훠훠, 궤궤궤, 뒈뒈뒈, 붸붸붸, 쉐쉐쉐,
> 췌췌췌, 퉤퉤퉤, 훼훼훼

나(와)와 내(왜)는 입이 활짝 열려서 혀와 입천장 사이가 충분히 멀다. 입안의 공간을 충분히 할 만큼 입을 열어서 발음해 보자.

> 와-와-와~ 왜-왜-왜~ 와-와-와~ 왜-왜-왜~

다양한 자음을 붙여서 연습해본다.

> 과과과, 놔놔놔, 봐봐봐, 좌좌좌, 촤촤촤, 콰콰콰, 화화화
>
> 괘괘괘, 돼돼돼, 봬봬봬, 쇄쇄쇄, 퇘퇘퇘, **퐤퐤퐤**, 홰홰홰

이중모음과 자음은 다양하게 섞어서 연습해보자.

> 늬-봐-쇄-뭐-화-둬-놔-좌-줘-휙-의-돼-쉐

연습 문제

> 이중모음을 꼼꼼히 연습하는 것에 주의를 기울이면서 다음의 내용을 읽어보자.
>
> > 꼼꼼하고 성실하며 책임감이 강하지만 타협을 싫어한다는 일련의 특성을 가진 강박성 인격은 유전적으로 결정된 집착이라는 기질과 후천적으로 몸에 밴 자기초월(자신보다 집단에 공헌하는 것을 우선하는 경향)이라는 특성이 만나 성립한다. 이 유형은 집착과 자기초월이라는 쌍방을 충족하는 인생의 기본 전략으로 질서 유지 전략을 취하고 있는 것이다.
> >
> > 과도한 자신감, 오만하고 건방진 태도, 태연스레 남을 이용하고 다른 사람의 고통에 무관심한 경향, 칭찬받고자 하는 욕구라는 특징을 가진 자기애성 인격은 득실을 따져 움직이려는 경향이 강한 보상 의존이라는 기질적 요소와 자기 지향(자신의 가치를 무조건 100% 인정하는 경향)이라는 후천적 요소의 특성이 결합한 경우다. 보상 의존과 자기 지향이라는 요소를 모두 충족시키기 위해 자신을 절대시하고 타인을 멸시함으로써 자신을 보호하는 자기애적 방위 전략을 생활방식으로 삼은 것이다.
> >
> > 타고난 기질, 후천적으로 습득한 가치관과 사고방식, 거기에 행동 전략까지 세 가지가 긴밀하게 결합해 쉽게 변하지 않는 구조를 만들어낸 것이 인격이다.
> >
> > (오카다 다카시 저, 『상처받는 것도 습관이다』에서)

3. 받침을 발음하자

정성을 들여 천천히 연습을 했는데도 여전히 명확한 느낌이 들지 않는다면, 혹시 내가 받침들을 정확하게 발음하지 않거나 끝까지 마무리하지 않고 흘리면서 발음하고 있지는 않은지 살펴보자. 이렇게 소홀해지는 받침이 많아질수록 전체적인 발음의 정확성이 무너지게 된다. 또한 엉뚱한 받침으로 발음하는 습관들도 흔히 발견되는데, 예를 들어, '갖고 싶다'를 발음할 때 '갖'의 ㅈ 받침을 ㄱ 받침인 듯 '각꼬십따'로 발음을 하거나, '습관'의 ㅂ 받침을 ㄱ 받침처럼 '슥깐'이라고 발음하는 등의 경우들이 있다. 또한, '지금까지'의 ㅁ을 ㅇ으로 발음해서, 즉 입술의 비음을 목구멍과 혀 뒤의 비음인 ㅇ으로 바꾸어 '지금까지'로 발음하는 사람들도 있다. 이런 현상이 악화되면, 우리는 더 노련하게 소리를 잘 뭉개어가지고 '지응까지'로 발음하기도 하지 않는가? 지금부터는 올바른 받침을 성실하게 끝까지 발음하는 습관을 갖도록 해보자. 받침을 끝까지 정확하게 발음하는 습관을 들이면 발음이 한결 선명해지는 것을 느끼게 될 것이다.

연습 문제

다음의 글을 천천히 소리 내어 읽어보자.

더 이상 숨기지 않겠어요. 여러분 모두 잘 알다시피, 여러분은 나의 가족이니까. 난 더 이상 견딜 수가 없어. 난 행복을 손가락 사이로 흘려버렸어……. 왜? 그럴 자격이 없었던 거야. 발랴는 세르게이의 아내가 되어버렸고, 그걸로 다 끝나버렸지. 난 전부 다 잊을 수 있을 거라고 생각했었어. 하지만 그렇게 되질 않았어. 그녀가 아이들을 낳고 엄마가 되었어도, 난 아직도 그녀를 잊을 수가 없어. 이전보다도 더 그녀를 사랑하게 되었어. 내가 세르게이의 위치가 될 수도 있었는데. 난 그녀한테서 도망치려고 했지만, 그럴 수 없었어! 그녀가 여기에 있다는 것만 확인하고 싶었어. 그게 내가 원한 전부야……. 그게 내 개인적 관심사다, 로디크. 이제 이해하겠어?

오세준 역 〈이르쿠츠크에서〉 중에서.

4. 입모양을 미리 준비하지 말자

성격이 급한 사람들은 간혹 하나의 발음이 끝나기도 전에 그 다음의 입모양을 미리 준비하는 경우가 있다. 이것은 하나의 발음을 잘 마친 후에 그 다음 발음을 시작하려 하지 않고 하나의 발음을 하고 있는 동안 그 다음 발음으로 미리 넘어가려고 하는 성급한 습관을 보이는 것이다.

앞에서 인용한 희곡 〈이르쿠츠크에서〉를 다시 한 번 읽어보자. 첫 시작부분의 "숨기지 않겠어요"를 읽을 때, 내가 혹시 "숨기지"의 마지막 "ㅣ(이)" 모음이 제대로 마무리가 되기도 전에 "않"의 입모양을 미리 시작하고 있지는 않는가? 그럴 경우 '지'와 '않'의 소리가 뭉개져서 발음될 것이다. 이것이 만약 습관이 되어 있다면 스스로는 알아채지 못할 수도 있다. 만약 지금 읽기 연습을 하면서 자신에게서 이러한 습관을 발견했다면, 마음을 느긋하게 가지고 음절 하나하나를 끝까지 천천히 발음하는 습관을 들이도록 하자. 받침을 대충 발음하는 습관을 고치는 것과 마찬가지의 원리이다.

정확한 발음의 중요성

매일신문(每日新聞)에 실제로 보도되었던 신문기사의 내용을 소리 내어 읽어 보자. 그리고 일상 속 우리 각자의 발음에 대해서도 반성해 보자.

1993년 4월 닉슨 전 미국 대통령이 청와대를 방문해 회담을 나눌 때, 닉슨 전 대통령이 중국과 소련이 변하고 있다는 이야기를 전해주며 한국의 변화를 주문했다고 한다. 이에 김영삼 대통령은 "우리도 배나와 개핵(변화와 개혁)을 위해 열심히 가고 있습니다"라고 답했다.

서울 토박이인 박진 의원은 '배나'가 무슨 말인지 몰라 여러 번 물었다. 김 대통령은 힘주어 '배나!' '배나와 개핵!'이라고 강조했다.

닉슨 전 대통령을 배웅한 뒤에 김 전 대통령은 박진 전 의원에게 "박 교수, 영어는 잘하는데, 경상도 말 좀 배아라"라고 말했다.

[중략]

"이대한 거제도민 여러분 오늘 가라산을 간통(관통)하는 도로가 완공되어 이제 거제도를 국제적인 간강도시(관광도시)로 만들겠십미다. 여러분."

그러자 옆에 있던 외무부장관이 말했다.

"각하! 간통이 아니라 관통이고 간강도시가 아니고 관광도시입니다."

살짝 기분이 상한 김영삼 대통령은 이렇게 쏘아붙였다.

"애무부(외무부) 장간이나 잘 하시오."

실제로 김영삼 전 대통령은 관광도시를 흔히 '간강도시'라고 표현해 국민들 사이에서 회자되기도 했다. ("[사투리 만세−서울말만 국어라고?④] 사투리 많이 쓴 김영삼 대통령", http://news.imaeil.com/NewestAll/2016012000400987074)

8장

장음과 단음

우리말의 모음에는 길게 내는 소리와 짧게 내는 소리, 장·단음이 있다. 우리가 말을 바르게 잘 하면서 정확하고 바람직한 방식으로 타인들과 의사소통을 하기 위해서는 이 장·단음의 현상을 이해할 필요가 있다. 왜냐하면 같은 글자로 표기되는 말도 장음이냐 단음이냐에 따라, 즉 길게 소리 내는가 짧게 소리 내는가에 따라 의미가 달라질 수 있기 때문이다.

이러한 '장단음'은 관습적인 것으로서, 논리적인 근거와 원칙에 의한 것이 아니다. 따라서 장음과 단음의 사례들을 제대로 구별하기 위해서는 국어사전을 자주 참고하는 수밖에 없고, 사전 외에도 국립국어원의 인터넷 홈페이지에서 쉽게 얻을 수 있는 『한국 어문 규정』 같은 자료를 참고할 수 있다. 책들 중에서는 MBC 성우이자 TV 탤런트이기도 한 배우 최병학(최낙천)의 저서 『방송화술 NEW』와, 박경희 아나운서의 저서 『최고의 아나운싱』이 추천받을만한 가치가 있는 좋은 성과물들이다. 이 책들은 우리가 비교적 쉽게 참고해 볼 수 있는 유익한 내용들이 많이 담겨 있다. 따라서 우리는 국어사전과 2018년 12월에 나온 『한국 어문 규정』, 그리고 최병학과 박경희의 저서들을 주로 참고하고 인용하면서 우리말의 장단음에 대한 이해에 접근해 보도록 하자.

박경희 아나운서가 『최고의 아나운싱』에서 밝히고 있는 바에 의하면, 1977년도에 그녀가 아나운서로 입사했을 때는 선배 아나운서들이 장음을 단음보다 3배 정도 더 길게 발음하도록 가르쳤다고 한다. 그러나 이미 그 당시에도 그 정도로 길게 하는 것은 시대에 뒤처진 것으로 여겨졌으며, 모음의 장음을 단음에 비해 길게 발음할 때 그 길이는 근래에 점점 짧아지고 있는 추세라고 한다. 그러나 그러한 가운데에도, 장음의 길이는 단음에 비해 최소 1.5배 정도는 길게 발음 되어야 장단 대립으로 의미의 변별력을 느낄 수 있게 된다고 하는 것이 박경희 아나운서의 설명이다.

최병학의 『방송화술 NEW』에서 소개하고 있는 장음과 단음의 사례들 중 일부를 인용하여, 우리가 일상생활 중에서 미처 느끼지 못했을 수도 있는 장음과 단음의 차이에 대하여 알아보도록 하자.

〈장 · 단음으로 의미가 달라지는 예들〉

(어패류) 굴 – (동굴) 굴: – – 굴을 따다 굴:에서 초고추장에 찍어 먹었다.

(얼굴에 있는) 눈 – (하늘에서 내리는) 눈: – – 눈에 눈:이 들어가 녹아 흐르니 눈물인지 눈:물인지……

(동물) 말 – (입으로 하는) 말: – – 말을 타고 말:을 하니 말이 말:을 알아듣나?

(신체의 일부) 발– (타인의 시선을 가리기 위하여 치는) 발: – – 발을 씻고 난 뒤 마루에 올라 발:을 쳤다.

(저녁) 밤 – (밤나무의) 밤: – – 겨울밤에 밤: 구워 먹는 이 맛을 누가 알랴.

(형벌) 벌 – (곤충) 벌: – – 벌을 받고 있는데 벌:이 머리 위로 날아다녔다.

(집의 창문) 창 – (노래) 창: – – 창을 열고 창:을 했다.

(요리할 때 쓰는) 간장 – (신체 장기) 간:장 – – 간장을 많이 먹으면 간:장 상할라!

(전라남도) 광주光州 – (경기도) 광:주廣州 – – 광주라고 하면 늘 경기도 광:주냐고 묻는다.

(언제나) 노상 – (도로 위) 노:상路上 – – 아이들이 노상 노:상에서 노니 불안하다.

(일본의) 동경 – (그리워 함) 동:경 – – 동경을 늘 동:경하고 있는 북해도의 하루꼬.

(아버지와 아들) 부자 – (돈 많은 사람) 부:자 – – 불날 집 없는 거지 부자는 부:자 아닌 게 자랑.

(수학의) 분수分數 – (자기의 신분이나 처지에 알맞은 한도) 분:수分數 – – 분수를 배우는 것은 분:수를 알라는 것이다. (두 말이 한자의 표기도 같지만 장음으로 발음하느냐 단음으로 발음하느냐에 따라 의미가 달라진다.)

(과일) 사과 – (잘못을 인정하고 용서를 빎) 사:과 – – 사과를 들고 사:과를 하라니, 참……

(새로 지은 집) 새집 – (둥지) 새:집 – – 새집들이를 갔더니 현관에 새:집이 걸려있었다.

(뉴스 매체) 신문 – (따져서 캐물음) 신:문 – – 신문을 보던 그가 신:문을 시작했다.

(물건을 태워서 나는) 연기 – (배우가 하는) 연:기 – – 긴 담배연기 내 뿜는 그의 연:기는 일품이다.

(재주가 있다는 의미의) 재기 – (다시 일어섬) 재:기 – – 재기가 넘치는 그는 곧 재:기할 것이다.

이렇듯 우리말에서는 모음의 장단을 구별해서 발음해야 하는 단어들이 있는데, 장음으로 발음해야 하는 경우들과 관련하여서도 여러 가지 규정들이 있다. 『한국 어문 규정』의 "표준어 규정" 중에서 제 3장 '음의 길이' 부분은 다음과 같은 예외적 사항들을 제시하고 있다.

우선, 단어의 첫 음절에서만 장음이 나타나는 것을 원칙으로 한다. 그래서 "눈보라 [눈:보라]", "말씨 [말:씨]", "밤나무 [밤:나무]", "많다 [만:타]", "멀리 [멀:리]", "벌리다 [벌:리다]" 등에서 장음으로 발음되는 것들이 "첫눈 [천눈]", "참말 [참말]", "쌍동밤 [쌍동밤]", "수많이 [수:마니]", "눈멀다 [눈멀다]", "떠벌리다 [떠벌리다]" 등처럼 첫 음절로 나오지 않을 때는 장음으로 발음되지 않는다.

그런데 "다만, 합성어의 경우에는 둘째 음절 이하에서도 분명한 긴소리를 인정한다."는 규정이 있다. 예를 들어 "반신반의 [반:신바:늬/반:신바:니]"나 "재삼재사 [재:삼재:사]" 같은 경우들이 여기에 해당한다.

그리고, (동사와 형용사 같은) "용언의 단음절 어간에 어미 '-아/-어'가 결합되어 한 음절로 축약되는 경우에도 긴소리로 발음한다."라는 규정이 있다. 다음과 같은 경우가 여기에 해당한다.

보아 → 봐[봐:]	기어 → 겨[겨:]	되어 → 돼[돼:]
두어 → 둬[둬:]	하여 → 해[해:]	

또한 "다만, '오아→와, 지어→져, 찌어→쪄, 치어→쳐' 등은 긴소리로 발음하지 않는다."라는 규정이 있다.

장단음과 관련한 다른 규정들에 대해서는 아래에 인용한 『한국 어문 규정』(2018) 중 "표준어 규정"의 다른 부분들을 참고하도록 하자.

◼ 제7항 긴소리를 가진 음절이라도, 다음과 같은 경우에는 짧게 발음한다.

1. 단음절인 용언 어간에 모음으로 시작된 어미가 결합되는 경우

감다[감:따] — 감으니[가므니]	밟다[밥:따] — 밟으면[발브면]
신다[신:따] — 신어[시너]	알다[알:다] — 알아[아라]

다만, 다음과 같은 경우에는 예외적이다.

끌다[끌:다] — 끌어[끄:러]	떫다[떨:따] — 떫은[떨:븐]
벌다[벌:다] — 벌어[버:러]	썰다[썰:다] — 썰어[써:러]
없다[업:따] — 없으니[업:쓰니]	

2. 용언 어간에 피동, 사동의 접미사가 결합되는 경우

감다[감ː따] ─ 감기다[감기다]	꼬다[꼬ː다] ─ 꼬이다[꼬이다]
밟다[밥ː따] ─ 밟히다[발피다]	

다만, 다음과 같은 경우에는 예외적이다.

끌리다[끌ː리다]	벌리다[벌ː리다]	없애다[업ː쌔다]

[붙임] 다음과 같은 복합어에서는 본디의 길이에 관계없이 짧게 발음한다.

밀─물	썰─물	쏜─살─같이	작은─아버지

연습 문제

1. 앞에 소개된 장·단음의 예들을 소리 내어 읽어 보자.

2. 다음에 인용하는 글은 국어학자 이훈종의 책 『오사리 잡놈들』에 실려 있는 「종로를 만 원에 파는 놈」이다. 장·단음에 주의하면서 이 글을 소리 내어 읽어 보자. 필요한 경우에는 국어사전을 참고하도록 하자.

> 태초에 말씀이 있나니…….
> 사람은 말 않고는 잠시를 못 산다. 그런데 그 말은 발음으로 이뤄지고 발음에는 또 각각 액센트가 있어 사전의 주석을 보면 이렇게 나와 있다.
> "말 가운데의 어떤 음절, 또는 글 가운데의 어떤 말을 강세·음조, 음의 길이 등의 수단으로 높이거나 힘주는 일."
> 이것을 달리 구분하면 강약·고저·장단·음색이 되겠는데, 음색은 음파가 나타내는 특징 있는 모양으로 개인차에 속하는 것이라, 비교의 대상으론 삼지 않는다. 그렇지만 전자기기가 발달하다 보면 "문 열어라, 알리바바"처럼 본인의 목소리가 아니면 열리지 않는 문짝도 나오게 될 것이다.
> 영어는 강약 액센트고, 중국어는 고저로 의미가 변별되며, 우리말에서는 음의 장단이 뜻을 좌우한다. 그래서 정확한 장단 구분을 강조했더니 누구를 기준으로 무엇을 표준하겠느냐고 빈정거리는 친구가 있어서 되받아주었다.
> "당신네 대학에 가니까 교수실 바로 옆에 화장실이 붙어 있어서 참 편리합니다."
> 교수의 교를 길게 내면 '敎授'고 짧게 내면 '絞首'가 되며, 화장도 '化粧'과 '火葬'으로 구분된다. 교수해 죽여서 화장해버린다면? 끔찍한 얘기다.

사변 때 피난에서 돌아와 보니 서울이 무던히도 변해 있었다. 버스에서 외는 소릴 좀 들어보라.

"종로 사가요"

옛날 봉이 김 선달은 대동강 물을 팔아먹었다더니, 종로를 파는 놈이 있담? 그리고 그게 단돈 만 원이라니 하고 따라가 보니 소리치며 떠난다.

"종로 사가요."

확실히 재미있는 얘기랍시고 만들어냈지만 모두 틀린 소리다. 사가는 것하고 사:가(四街)는 사의 발음이 틀리다. 만원의 만을 길게 내야 돈 만 원이지, 사람이 가득한 건 짧은 발음의 만원이라야 맞는다.

어떤 자칭 국어학 대가가 한글 반포 기념 강연에서 기염을 토했다.

"우리말의 음운은 흔들리고 있습니다. 장단음의 표준이 없어졌어요. 대학의 대:가 공대·법대 할 때 짧아지지 않습니까?"

나는 다음 강연자로 차례를 기다리고 앉았다가 이 소리를 듣고 안절부절을 못하였다. 좌중에 외국인 학자라도 하나 섞여 있었더라면 그 꼴이 무엇일꼬? 긴 발음이 단어의 첫 음절에서만 구분된다는 것은 발음의 첫 발짝인데, 그것도 모르면서 똥 싼 잠방이모양 추적대다니……. 같은 교수로서 쥐구멍이 있으면 숨어버리고만 싶었다.

신(申)·신(辛) 씨는 짧게 발음하지만 신(愼) 씨는 긴 발음이다. 그렇다고 근신(謹愼)해야 할 때 신을 길게 발음하면 말도 안 된다. 교장(校長)의 교 자는 긴 발음, 곧 높은 소리다. 그렇다고 학교라 할 때 길게 발음했다면 얘기가 달라진다.

재주 기(技) 자는 긴 발음이다. 그렇지만 특기(特技)라 할 때는 짧게 내야지 길게 발음하면 말도 안 된다.

그러면 반론이 있어야 옳다. "공부해서 남 주나?"의 해는 길게 나지 않는가고. 그렇다. 그러나 그것은 '하여서'가 준 것이라 본래 모양이 살아 있어서 길게 내는 쪽이 도리어 옳다.

9장

끊어 읽기와 강조

우리말은, 어떻게 띄어 읽는가, 말의 어느 부분을 강조하는가에 따라서도 의미가 달라질 수 있다. 근래에 인터넷에는 다음과 같은 말들이 적혀 있는 간판이나 광고물 등이 찍혀 있는 재미있고 우스운 사진들이 돌아다녔다. 간판이나 홍보물 등의 공간이 제한되어 있다 보니 제대로 띄어쓰기가 되지 않은 채로 글씨들이 새겨지게 되어, 무심코 그것들을 읽으면 우스꽝스럽거나 민망한 의미를 전달하게 될 수 있는 사진들이다.

---

① **부동산 홍보물** : 원룸 몸만들어오세요 → 원룸/ 몸/ 만들어 오세요(?) → 원래 의미는 "(모든 것이 갖추어져 있는) 원룸/ 몸만/ 들어오세요."

② **유치원에서 나누어 준 수첩의 제목** : 유아인성생활수첩 → 유아인(영화배우)/ 성 생활/ 수첩(?) → 원래 의미는 "유아/ 인성/ 생활/ 수첩"

③ **어느 식당의 간판** : 내동생고기 → 내/ 동생/ 고기(?) → 원래 의미는 "내동(동네 이름)/ 생고기

④ **고시원의 간판** : 벗고시원 → 벗고/ 시원(?) → 원래 의미는 "벗/ 고시원"

⑤ **전주 장동초등학교의 현수막** : 자랑스런장동건아들의졸업을축하합니다 → 자랑스런/ 장동건(영화배우)/ 아들의/ 졸업을/ 축하합니다(?) → 원래 의미는 "자랑스런/ 장동/ 건아들의/ 졸업을/ 축하합니다."

⑥ **고속도로의 표지판** : 동시흥분기점 → 동시/ 흥분/ 기점(?) → 원래 의미는 "동시흥/ 분기점 (한쪽은 광명, 다른 한쪽은 수원으로 길이 갈라지는 곳)"

아직도 인터넷에서 찾아 볼 수 있는 이런 사진들 밑에는, 마찬가지로 의미의 혼동을 초래할 수 있는 문구들을 사람들이 댓글로 줄줄이 달아 놓고 있다. 가령 "엄마가회사줬어.", "서울시장애인복지관", "무지개같은사장님", "우리가족발그리기", "서울시어머니합창단", "창의적인성교육의 전당"……

우리말은, 문장 안의 어느 부분을 강조하는가에 따라서 전달되는 의미가 달라지기도 한다. 이 부분에 대해서는, 2019년 말에 한국연극배우협회에서 현장의 연기자들을 위해 펴낸 지침서 『배우의 품격 I』에 나오는 예문을 인용해 보도록 하자. 연출가 유승희가 집필한 '기초 화술'의 부분은 다음과 같은 예들을 제시한다.

---

① <u>미나가</u> 어제 책을 빌려갔니?
② 미나가 <u>어제</u> 책을 빌려갔니?
③ 미나가 어제 <u>책을</u> 빌려갔니?
④ 미나가 어제 책을 <u>빌려갔니?</u>

위의 문장들을 말할 때에는 밑줄 친 부분들을 각기 강조해서 읽을 때마다 문장의 의미가 달라진다. ①은 영희나 철수 혹은 그 누구 다른 사람이 아닌, "미나"라는 인물이 행동의 주체였는가를 묻는 말이다. 이 문장의 관심사는 행동의 주체이다. ②의 경우에는 미나가 책을 빌려간 때가 언제인가라는, 행동의 시간이 관심사가 된다. 화자에게는 미나가 그저께도 아니고 오늘도 아닌 "어제" 책을 빌려갔는가를 확인하는 것이 중요한 문제다. ③의 경우는 미나라는 인물이 무엇을 빌려갔는가를 확인하고자 한다. 화자는 미나가 다른 물건이 아니라 "책"이라는 물건을 빌려갔는지를 확인하고자 한다. 행동의 대상내지는 목적이 관심사가 되는 것이다. ④에서는 미나가 어떤 행동을 했는지가 중요하다. 미나가 책에 대해서 한 행동의 가능성은 여러 가지이다. 그녀는 책을 가져왔을 수도 있고, 책을 빌려 주었을 수도 있고, 책을 팔았을 수도 있고, 책을 먹었을 수도 있고, 책을 빌려갔을 수도 있다. 그런 여러 가지 가능성들 중에서 책을 빌려갔는지의 여부를 화자는 묻는다. 행동의 성격이나 정체에 관심을 둔다.

긴 세월 동안 매일 말을 하면서 살아가는 우리들 중에 말과 관련된 이러한 문제들을 모르는 사람은 없다. 그러나 정작 우리가 정확하게 말을 전달해야 할 때는 실수들이 발생하고, 우리는 말에 대한 훈련이 평소에 제대로 되어 있지 않다는 것을 절감하게 된다.

'끊어 읽기'나 '강조'와 관련한 말의 실수들도 우리 생활에서 대수롭지 않은 문제들을 일으킬 수 있다. 예를 들어, 최병학의 『방송화술 NEW』에서 소개되듯이 "나는/ 민수와 미경이를 때렸다."라고 끊어서 말하는 것과 "나는 민수와/ 미경이를 때렸다."라고 끊어서 말하는 것은 의미에서 큰 차이를 발생시킨다. 만약 이 말이 형사 사건과 관련된 것이라면 법적 처벌을 받는 대상이 달라질 수도 있는 것이다. 그리고 그 정도까지는 아니라 하더라도 우리는 방송으로 뉴스를 보도하는 기자들이 의미를 생각하지 않고 그저 자기 호흡이 이어지는 대로만 기사문을 읽어나가다가 부자연스러운 끊어 읽기를 하는 바람에 잠시 의미 해석의 혼란을 느끼게 되는 경험을 할 때가 있다. 또한 '더빙조'에 젖어있는 성우가 준비가 덜 된 채로 원고를 읽다가 자기에게 버릇이 되어 있는 "투(더빙조)"로 엉뚱한 말을 강조하게 되어서 약간의 불쾌감을 청자들에게 주는 경우를 경험하게 되기도 한다. 그러므로 만약 우리가 그런 실수를 범하지 않으면서 자기가 하고자 하는 말을 잘 전달하는 사람이 되기를 원한다면, 끊어 읽기와 강조의 중요성을 잘 인식하고 그것들에 대하여 꾸준히 훈련해야 할 것이다.

연습 문제

인터넷을 통하여 우리는 이미 방송된 뉴스의 기사문들을 쉽게 찾아 볼 수 있다. 실제로 방송을 통하여 보도된 적이 있는 기사문을 하나 선택해서, 자신이 기자가 되어 보도한다고 가정하며 그 기사문을 읽어 보라. 자신의 보도를 녹음하거나 동영상으로 촬영한 후, 끊어 읽기와 강조가 적절히 이루어지고 있는지를 반성해 보자.

10장

비언어적 표현

세인트루이스 카디널스 야구팀의 삼루수였으며 지금은 미국에서 가장 성공적인 보험영업사원인 프랭클린 비트거(Franklin Bettger)가 나에게 말하기를, 미소 짓는 사람은 언제나 환영받는 다는 사실을 몇 년 전에 깨달았다고 한다. 그래서 그는 어떤 사람의 사무실에 들어가기 전에 잠깐 멈추어 서서, 자신이 감사해야 할 많은 일들에 대해서 생각한 후 신실한 미소를 활짝 만들어 지은 다음, 그 미소가 얼굴에서 사라지기 전에 들어간다는 것이다.

그는 자신이 보험 판매에서 거두는 놀라운 성공의 비결이 바로 이 간단한 테크닉 덕분이라고 믿고 있다.

(Dale Carnegie 저, *How to Win Friends and Influence People*에서)

의사소통은 말로만 이루어지는 것이 아니다. 우리의 의사전달은 말 이외의 것, 그러니까 비언어적인 요소들에 의해서도 상당 부분이 이루어진다. 우리의 사회적 활동 속에서 비언어적인 표현이 얼마나 많은 부분을 차지하는가에 대해서는 많은 사람들이 여러 가지 다른 설명들로 강조하여 왔다.

신은경 아나운서의 저서『신은경의 차차차!』에 의하면, 어떤 학자가 조사한 바로, 메시지를 전달할 때 말 자체가 아닌 시선이나 표정, 제스츄어 등 비언어적 요소가 차지하는 비중은 55%에 이른다. 또, 이민규의 저서『끌리는 사람은 1%가 다르다』가 말하는 바에 의하면, 의사전달에서 대화의 내용이 차지하는 비율은 단지 7퍼센트에 지나지 않는다고 한다. 나머지 93퍼센트는 비언어적인 형태로 전달된다는 것이다. 그리고 이 93퍼센트 중에서 38퍼센트 정도는 말투(음조, 억양 등)를 통해서 전달되고, 나머지 55퍼센트는 표정, 몸짓, 자세 등을 통해서 전달된다. 그렇다면 우리의 의사전달에 있어서 비언어적 표현이 얼마나 중요한지에 대해서는 아무리 강조하여도 지나치지 않을 것이다.

비언어적 표현 중에서 무엇보다도 중요한 것으로서 우리가 생각할 수 있는 것은 미소 짓는 얼굴이 될 것이다. '초두효과(Primacy Effect)'라는 말이 있다. 인간이 정보를 처리하는 과정에서는 초기 정보가 후기 정보보다 훨씬 더 중요하게 작용한다는 사실을 지칭하는 말이다. 우리가 처음에 받아들인 정보는 나중에 들어오는 정보를 해석하는 지침이 되는 경향이 있다. 따라서 많은 자기계발 서적들이 강조하는 것처럼, 사람의 첫인상은 이후 계속 그 사람에 대한 판단의 척도로 작용하는 것이기 때문에 의미가 매우 중요해진다. 사람의 첫인상은 4분 안에 60-80%가 결정된다고 하는데, 그렇다면 언어적 수단을 통해서 자신의 사상이나 인격을 제대로 전달하기 이전에 비언어적 표현들, 그러니까 자신의 용모나 행동, 분위기 등이 상대방에게 자신의 첫인상을 전달하는 중요한 요인들로서 작용하게 될 것이다. 그리고 사람들끼리 만나게 될 때 가장 처음 상대방으로부터 인식하게 되는 것은 일반적으로 얼굴의 표정이므로 미소를 띤 호의적인 표정을 상대방에게 보여주는 것이 매우 중요하게 된다.

유교적 전통 때문인지 우리의 문화에서는 웃는 얼굴 표정의 중요성이 그리 강조되지는 않아 왔다. 웃는 얼굴은 경박한 느낌을 준다고 생각하는 풍조가 있었고, 그래서 진지하거나 엄숙한 얼굴이 개인의 신뢰할만한 인품을 나타내 주는 것으로서 알게 모르게 권장되어 왔다.

그러나 이제 선천적 계급이 없이 평등해지고 더욱 폭 넓게 인간들 사이의 교류가 행해지는 가운데, 적극적으로 다른 인간들에게 먼저 다가갈수록 유리해지는 오늘날의 사회에서는 미소 띤 얼굴로 상대방에게 호감을 먼저 심어주는 것이 아주 중요하다. 신은경이 자신의 책에서 소개하듯, 법정에서 미소를 짓는 피고인에게는 좀 더 가벼운 형량이 내려진다고 하는 말이 있다. 그리고 레일 라운즈의 저서 『사람을 얻는 기술』이 소개하는 바에 의하면, 여자들이 모르는 남자들과 눈이 마주쳤을 때 미소를 지으면 약 60%의 남자들이 정중하게 다가와서 "작업"을 걸었지만 미소를 짓지 않고 눈만 마주쳤을 때는 약 20%의 남자들만이 접근해 왔다는 실험 결과가 있다고 한다. 이렇듯 미소 짓는 얼굴은 다른 인간들과의 우호적 관계 형성을 촉진시킨다. 우리 사회에 점점 정보의 양이 많아진다 할지라도, 우리는 다양한 정보들을 종합하여 판단하기 보다는 오히려 단 한가지의 결정적 정보에 의해서 의사를 결정하게 된다고 『설득의 심리학』에서 로버트 차알디니는 말한다. 그렇다면 앞에서 말한 '초두효과'와 함께 고려해 볼 때 우리가 처음에 미소 띤 얼굴로써 우리의 상대방에게 호의적 첫인상을 주는 것은 사회생활에서 매우 중요한 일이 된다.

진지한 성격의 소유자라서 잘 웃지 않는 사람이거나, 평소에 우울감을 느껴서 좀처럼 웃지 않는 사람이거나, 혹은 그 어떤 이유로라도 미소를 잘 짓지 못하겠다는 사람이 있다면, 그 사람은 자연스러운 감정의 발로로서 미소가 자기 얼굴에 피어나게 될 때까지 막연히 기다리고만 있지는 말도록 하자. 미소를 짓는 연습을 하도록 하자.

이미 많은 사람들이 미소의 훈련을 하고 있다. 작가 홍성현은 『유머 잘하는 사람이 세상을 리드한다』에서 자신이 목격한 미소 만들기 훈련의 효과를 전한다. 그가 대학생들에게 취업에 대한 강연을 했는데, 학교도 다르고 학과도 다른 여러 명의 학생들이 모여 있는 그 자리에서 유난히 눈에 띄는 한 무리의 여학생들이 있었다고 한다. 그들은 강의 시간 내내 환하게 웃는 모습을 보여주었다. 그들은 특출한 미모의 소유자들은 아니었지만 "꽃처럼 환한" 미소로써 비범한 매력을 발산하고 있었다. 강의가 끝난 후에 홍성현이 "학생들, 전공이 뭔지 물어봐도 될까요?"라고 말을 건네자, 그들은 "네, 선생님! 저희들 모두 스튜어디스과예요."라고 말하면서 자신들은 대학교 4년 동안 매일 그렇게 웃는 연습을 한다고 말했다는 것이다.

인위적으로라도 미소를 짓는 연습을 하는 것은 위선자가 되자는 것이 아니라, 그러한 훈련을 통해서 나 스스로에게 긍정적인 효과를 불러일으키고 그렇게 해서 내가 갖게 된 긍정적인 에너지의 진정성으로써 상대방에게 나의 의사를 전달하자는 것이다. 그래서 입사시험 면접장에서 긴장을 하게 되면, 의식적으로 입꼬리 양쪽을 올린 상태로 웃는 것 같은 표정을 만들어서 대답하려 해보라고 조언하는 책도 있다. 그렇게 하면 적절한 표정과 말투를 만들 수 있다는 것이다.

인간은 어떠한 정서가 일어난 결과로 그 정서에 따르는 행동을 하게 되기도 하지만, 역으로 어떠한 행동을 함으로써 그 행동과 관련된 정서를 불러일으킬 수도 있다고 주장하는 심리학자들이 있다. 철학자이자 심리학자인 윌리엄 제임스(William James)를 비롯한 적지 않은 사람들은, 관련된 어떤 행동을 함으로써 원하는 정서를 발생시킬 수 있다고 주장했다. 그들이 주장하는 바를 따르면, 즐겁거나 우스워서 자연스럽게 웃는 표정을 짓는 것이 아니라 인위적으로 웃는 표정을 지어도 우리에게는 긍정적인 감정이 일어나게 된다. 신은경의 저서에서 소개되듯이, 가짜로라도 웃는 표정을 2분만 유지하면 우리의 뇌는 기쁠 때 나오는 좋은 호르몬을 생성해 낸다는 식의 말들이 있는데, 이러한 말들과 관련하여 송길원의 책 『유머, 세상을 내 편으로 만드는 힘』은 심리학자 마틴 스트랙(Martin Strack)의 실험을 예로 든다. 마틴 스트랙은 펜을 입에 물어서 억지로 웃는 표정을 지은 사람들과 그렇지 않은 사람들의 두 그룹을 분리한 다음 그들에게 만화를 보게 했다. 그랬더니 억지로라도 웃는 표정을 지었던 사람들이 만화를 훨씬 더 재미있게 느꼈다고 한다. 이러한 현상에 대하여 이민규는 다음과 같이 설명한다. 대뇌에 있는 표정통제 중추와 감정통제 중추는 서로 영향을 주기 때문에, 억지로라도 웃는 표정을 지으면 진정으로 웃을 때와 비슷한 화학반응이 몸 속에서 일어나고 그 결과로 기분도 좋아진다는 것이다.

우리의 내적인 정서가 우리의 외적 표현이나 제스처, 행동 등을 만들어내기도 하지만, 외적인 표현이 역으로 우리의 특정 정서를 일으키기도 한다는 심리학자들의 주장은 오래 전부터 있어 왔고, 19세기 말과 20세기 초의 유명한 연기 이론가인 콘스탄틴 스타니슬랍스키도 자신이 구축하는 연기론을 위해 그런 점을 참고하기도 했다. 우리도 이런 사항을 우리의 실천에서 응용해 볼 수 있을 것이다. 마치 연기 훈련을 하듯이 언제나 일부러 웃는 표정을 지음으로써 우리의 마음을 가볍게 만들고 타인들에게도 긍정적인 감정을 확산시킬 수 있는 것이다. 마음이 우울할 때는 억지로 미소를 짓거나 발걸음을 활기차게 걸어봄으로써 역으로 마음을 활기차게 만들 수 있다. 내가 기분이나 주변의 분위기, 환경의 영향을 받아서 의기소침해지고 소극적으로 살아가게 되는 것이 아니라, 적극적으로 스스로 기분을 바꾸고 주변의 분위기, 환경을 바꾸어 나갈 수 있게 되는 것이다. 그리고 이것은 곧 내가 스스로 나의 운명을 바꾸는 것이 된다!

미소로부터 시작해서 우리는 각자의 비언어적 표현 하나 하나들을 개선해 나갈 수 있다. 우리의 용모, 외모부터 차츰 변화시켜 나가도록 하자. 그래서 그것이 우리에게 유리하게 작용하도록 하자. 로버트 차알디니의 『설득의 심리학』에 나오는 내용들에 의하면, 멋진 용모를 가진 사람은 으레 능력이 있을 것처럼, 친절할 것처럼, 정직한 사람일 것처럼, 머리가 좋을 것처럼 여겨진다. 심지어 잘생긴 피의자들은 그렇지 않은 피의자들보다 무죄를 선고받는 경우가 두 배나 더 많았다는 연구조차 있다. '정장 차림'이나 보석, 자동차 같은 것들은 자신의 지위와 권위를 대변하거나 부여하고, "낯선 사람의 복종을 유발시키는 데 효과적"이라는 주장이 있다. 사기꾼들은 이미 이러한 점을 이해하고서 굽이 높은 구두를 신어서 키를 커보이게 하는 방법을 즐겨 사용한다고 한다. 이민규의 『끌리는 사람은 1%가 다르다』는, "입사 면접에서 지원자의 외모나 옷차림이 당락에 영향을 준다"고 대답한 기업의 인사담당자의 답변이 66.7%에 달했다는 설문조사 결과를 전한다. 비언어적 표현으로서의 '용모'가 갖는 가치가 인식되면서 우리 사회에서는 이미 1990년대부터 "외모도 능력"이라는 사고가 폭 넓게 퍼지고 있다. 그동안 자신의 가치관이 이러한 인식에는 취약했다고 생각된다면 지금부터 조금씩 자기 자신의 비언어적 표현들을 가꾸어 나가보도록 하자.

『끌리는 사람은 1%가 다르다』에서 강조하듯이, 자신의 차림새에 대하여 TPO를 맞추어야 한다. 즉, 때(Time)와 장소(Place), 그리고 상황(Occasion)을 고려하여 몸차림을 해야 하는 것이다.

『신은경의 차차차!』는 이런 사례를 전한다. 어떤 부인이 가난한 사람들을 위한 봉사활동에 참여했다. 그런데 하필 그 부인은 행사 전에 누구의 결혼식에 다녀와야 했고, 시간이 촉박해서 결혼식에 참석했던 차림새 그대로 봉사활동 장소에 올 수밖에 없었다. 고급 의상에다 다이아몬드 반지까지 착용하고서……. 다른 사람들은 결혼식장에서 허겁지겁 달려와야 했던 그 부인의 사정을 전혀 모른다. 그러니 그들의 눈에 그 부인은 자기 과시를 위해 봉사활동을 하는 위선적 인물로 비쳐질 수밖에 없었다. 그 부인은 비언어적 표현이 소통에 미치는 결과를 감수하지 않을 수 없었다.

우리는 아름답고 진실한 내면을 갖는 것이 무엇보다도 중요한 일이라고 생각하지만 이민규의 『끌리는 사람은 1%가 다르다』에 나오는 이 말도 참으로 우리의 가슴을 치는 옳은 말임을 인정하고 우리에게 알맞은 방식으로 응용하게 되지 않을 수 없을 것이다. "겉모습 때문에 내면을 보여줄 수 있는 기회를 놓친다면 그건 너무나 아쉬운 일이다. 문밖에 발을 내딛는 순간부터 우리의 옷차림은 다른 사람에게 엄청난 양의 정보를 제공한다."

◤ 외모를 돋보이게 할 수 있는 16가지 구체적 방법

1. 비즈니스 모임에서 화려한 옷차림은 절대 금하라. 조사에 따르면 야한 옷차림을 하고 고객을 만날 때, 아무리 시간을 오래 끌어도 물건을 팔거나 고객의 마음을 바꾸기 어렵다는 결과가 있다. 화려한 옷차림은 당신이 원하는 것과 전혀 다르게 상대방에게 인식될 수 있다. 비즈니스 모임에서 그런 차림으로 나가는 것은 진지함과 직업 정신이 부족하다고 할 수 있다.

2. 당신의 손톱이 길다면 짧게 깎는 것이 좋다. 유능한 비즈니스맨은 잘 정돈된, 보기 좋은 손을 가지고 있다.

3. 만약 당신이 여성이라면 가볍게 한 화장은 산만해 보인다. 반대로, 너무 두꺼운 화장은 신뢰를 떨어뜨릴 수 있다. 자연스러운 것이 가장 좋다.

4. 안경을 쓰고 있다면, 작은 안경이 적당하다. 너무 큰 안경은 고루한 인상을 줄 수 있다. 너무 화려한 안경은 당신이 가진 전문적인 능력에 대한 신뢰성을 떨어뜨릴 수도 있다.

5. 만약 당신의 체중이 평균 체중보다 20퍼센트 초과된 상태라면 신용이 깎일 위험이 있다. 적절한 식사를 할 수 있는 식단을 준비하고 체중을 줄일 수 있는 구

체적인 활동을 계획하여 시작하라. 마른 체격의 사람들이 훨씬 지적이고 매력적으로 보인다.

6. 밖으로 보이는 털이 당신의 업무 성과를 떨어뜨리는 약점으로 작용할 수 있다. 만일 당신이 남성이고 턱수염을 기르고 있다면 지금 당장 깎는 것이 좋다(그것이 상처를 가리는 용도가 아니라면). 또한, 귀나 코에 난 털은 당신의 고객이나 의뢰인들에게 혐오감을 줄 수 있다. 거울을 볼 때 귀와 코를 잘 살펴보고 티가 있으면 깨끗이 정돈하도록 한다.

7. 고객을 만나기 전에 치아를 하얗고 깨끗한 상태로 정리한다. 누런 치아는 당신의 이미지를 나쁘게 만든다.

8. 머리 길이가 목 뒤를 덮는 것도 신뢰감을 떨어뜨린다. 머리를 기르는 것이 멋있어 보이고, 또 보기에 괜찮을 수도 있지만 진지한 인상을 주지 않는다. 좋은 첫인상을 확실하게 만들 것인지 머리를 기를 것인지 양자택일하라.

9. 당신의 고객이나 의뢰인이 입는 수준에 맞추어 옷을 입으라. 만일 보수적인 고객을 만난다면 보수적인 옷차림을, 자유로운 성격의 고객이라면 가벼운 정장을 입는 것이 좋다.

10. 정장 코트를 입을 때 손수건을 제외하고는 밖의 주머니에 아무것도 넣지 않는 것이 좋다. 남자일 경우, 웃옷 위에 달린 주머니는 펜이나 계산기 등을 넣는 보관 장소가 아니다. 손수건 이외에는 아무것도 넣지 말라.

11. 신발은 항상 깨끗하게 손질되어 있어야 한다. 신발의 상태는 많은 사람들이 자주 잊어버리는 부분이지만 성실한 이미지를 만드는 데 매우 중요한 역할을 한다.

12. 시계나 결혼반지를 제외하고는 다른 장신구는 안 하는 것이 좋다.

13. 매일 아침 샤워를 하고, 모임에 나가기에 앞서 머리 모양을 깔끔하게 정돈한다.

14. 서류가방은 작은 것으로 들고 다녀라. 큰 가방은 당신을 게으른 사람으로 보이게 할 수 있다. 물론 직업에 따라, 일에 따라 많은 물품을 가지고 다녀야 할지 모른다. 하지만 하루 동안 필요한 것들이 무엇이든지 간에 말끔한 가방을 준비하도록 하라. 가방에 들어가지 않는 나머지 물건들은 차 안이나 사무실에 두고 오는 것이 좋다.

15. 정장은 몸에 잘 맞아야 한다. 너무 크거나 작은 옷은 오히려 좋은 이미지를 망친다.

16. 바지가 신발 윗부분에 닿아야 한다. 땅에 끌리거나 양말 위로 올라와서는 안 된다. 신발에 닿지 않는다면 고쳐 입어야 한다.

(케빈 호건 저, 『파워풀 커뮤니케이션』에서)

우리의 제스처도 때와 장소에 맞고 효과적인 것이 되도록 하자. 가령, 김준영의『취업면접 비법』에서 충고하듯이, 아직 우리나라의 직장면접은 활발한 제스처를 환영하는 분위기가 아니므로 자신의 몸 움직임을 절제할 필요가 있다. 취업을 위한 면접에서는 오히려 무릎에 손을 대고 움직이지 않는 모습 같은 것으로 믿음직스러운 인상을 전달하려 해야 할 것이다. 그리고 상대방의 말에 긍정을 하는 경우 같은 때에 고개를 살짝 끄덕여 주는 것으로 좋은 인상을 주도록 해보자. 그러나 외국계 회사에 면접을 갈 때에는 보다 적극적인 인상을 주기 위해 제스처를 활발히 사용하는 것도 좋다. 그리고 팔짱을 끼는 것은 때로 상대방에게 내가 상대방에게 그리 호의적이지 않은 것으로 비칠 수 있다는 것, 우리 사회에서 턱으로 무엇을 가리키는 행동이나 손가락으로 상대방을 가리키는 행동, 주머니에 손을 넣는 행동 등은 좋지 않게 보인다는 것 등 많은 사람들이 이야기 하는 사항들을 참고하여 우리의 비언어적 표현들이 효과적인 것이 될 수 있도록 하자.

> 십대 청소년을 대상으로 하는 잡지사에서 자신감에 대한 기사를 준비하면서 내게 인터뷰를 요청해 온 적이 있었다. 나는 제일 먼저 십대 소녀들에게 가슴에 책을 안고 다니지 말라고 주문했다. 이렇게 하면 어깨가 앞으로 굽혀지고 수동적인 느낌을 주기 때문이다. 무거운 책은 배낭에 넣어 어깨에 메는 것이 좋다. 그러면 저절로 어깨가 뒤로 당겨지고 고개가 들리며 힘찬 발걸음으로 걷게 된다.
> 지금 옆에 있는 못된 사람 때문에 고통을 받고 있다면 우선 당신의 자세가 어떤 메시지를 던지는지부터 점검하라. 패배감이나 좌절감을 느낀다면 아마 자기도 모르게 그런 자세를 취하고 있을 것이다. 웅크리거나 어정쩡한 모습으로 불안감을 드러내고 있지는 않은가? 상대가 제발 나를 모른 척 지나가주었으면 하는 마음에 고개를 숙이고 있지는 않은가?
>
> (샘 혼 저, 『함부로 말하는 사람과 대화하는 법』에서)

비언어적 표현으로서의 "내가 점유하는 물리적 공간과 위치"에 대해서도 연구해 보자. 자신의 의사를 전달하기에 효과적인 위치를 찾은 다음, 그 위치에서 의사 전달을 시도하도록 하자.

성경을 읽어 보면 호감의 대상이 되는 존재들--예수님의 십자가 오른편에 매달린 악당의 예에서 단적으로 드러나듯이--은 기준이 되는 사람의 오른편에 자리 잡도록 한다. 그리고 상대방에 대한 호감이 강할 때는 보통 그 사람과 나 사이에 아무런 장애물도 가로막거나 방해하지 않는 상태에서 대화하기를 원하게 된다. 이러한 문화적 사실들을 고려하면서 우리는 타인들과의 소통을 시도할 때 보다 효과적인 위치에 나 스스로 가 있도록 노력할 수 있을 것이다.

발표를 할 때는, 우리들에게 주어진 발표 공간을 잘 파악해 보면, 거기에는 자신이 더욱 돋보이게 되는 위치가 있을 수 있다. 우리가 발표를 하는 공간은 천차만별일 것이다. 내 몸 하나 옴짝달싹하기 힘들 정도의 좁은 곳에서 컴퓨터를 겨우 조작할 수 있을 정도의 공간이 주어질 수 있고, 거대한 화면 앞에 넓은 무대가 텅 비어 있는 공간이 주어질 수도 있다. 자신에게 어떤 공간이 주어지더라도 그 공간이 나의 무대이고 나는 그 무대 위의 배우라고 생각하면서 자신의 퍼포먼스를 하자. 나의 발표 공간을 나의 무대라고 생각할 때, 우리는 무대에 대한 전통이나 관행, 관습적 이해를 응용해 볼 수 있을 것이다.

연극에서는 무대를 몇 개의 구역들로 나누고 그 구역들에 대해 명칭을 매기고, 그 구역들이 관객의 눈에 강조되어 보이는 순위들도 매겨서 지칭해 왔다. 여기서는 무대를 아홉 개의 구역으로 나누는 방식에 대해서 알아보자.

다음의 그림에서 보이는 바와 같이, 무대를 아홉 개의 구역으로 나누고 각각의 부분들에 대하여 이름을 붙여볼 수 있다. 무대의 정 중앙의 부분을 '센터'라고 부르고, 그 센터에 자신이 섰을 때, 자신의 오른쪽을 R(라이트)라고 부른다. 그리고 자신이 무대의 센터에 섰을 때 자신의 왼쪽을 L(레프트)라고 부른다. 그 다음에 자신이 무대에 서서 객석을 바라볼 때 무대의 뒤쪽을 '업(up)스테이지'라고 부르며, 무대의 앞쪽을 '다운(down)스테이지'라고 부른다. (무대의 업과 다운을 이렇게 구별하는 것은 르네상스 시대 때 무대 위에 원근법을 잘 살려내기 위해서 무대가 뒤쪽으로 갈수록 높아지도록 경사지게 되었었던 사실에서 기인한다.)

8 (Up Right)	7 (Up Center)	9 (Up Left)
5 (Right)	2 (Center)	6 (Left)
3 (Down Right)	1 (Down Center)	4 (Down Left)

↑ Up　　↓ Down
Right ←　→ Left

↑↑↑↑↑↑↑↑↑↑↑↑↑↑↑
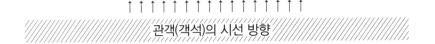
관객(객석)의 시선 방향

아무튼 무대를 이렇게 아홉 개의 부분으로 나눈다고 한다면 그림 속의 각 구역에 매겨진 번호의 순서대로 관객의 눈에 강조되어 보여진다고 한다. 그러니까 무대 위에 섰을 때 1번, 즉 무대의 정중앙 제일 앞쪽에 서게 되면 자신이 제일 강조되어 보이게 된다. 그 다음에는 2번인 센터에 섰을 때 자신이 가장 강조되어 보이게 된다. 이런 식으로 아홉 개의 구역들을 검토해 나가면 9번인 업레프트가 가장 자신이 청중의 시야에 덜 들어오며 덜 강조되는 곳이 된다. 자신이 충분히 넓은 곳에서 발표를 하게 된다면, 충분히 움직이고 돌아다닐 수 있을 만한 공간에서 발표를 하게 된다면 이러한 조건들도 고려하고 응용하면서 자신의 발표를 더욱 효과적으로 만들 수 있을 것이다.

발표를 할 때, 어떠한 제스처를 사용하면 나 자신의 모습을 더욱 돋보이게 하고 나의 메시지를 더욱 강조할 수 있을까를 우리는 고민하게 될 것이다. 옛날에는 어떤 특정한 동작이 어떠한 정서를 강조하거나 표현할 수 있다고 믿었다. 그래서 주먹을 굳게 쥐고 높이 든다던가, 그랬다가 그것으로 연단을 내려친다거나 하는 식의 테크닉이 효과적일 것이라고 막연히 생각하던 시절이 있었다. 아직도 그런 생각을 가진 사람들이 있기는 하다. 그래서 요점을 전달할 때는 일부러 검지 손가락을 펴서 가리키듯 세워 보이는 식의 표현을 하는 사람들이 있다. 광고 같은 데서 가끔 그런 모습의 화면이나 사진을 우리가 보게 될 때가 있다. 옛날에는 그런 동작들을 전문적으로 연구하기도 했지만, 요즘에 그러한 연구를 한다면 그것은 시대착오적일 수 있다.

우리 시대는 많은 측면에서 자연스러움을 추구하고 있으므로, 웬만하면 어떤 특정한 제스처 혹은 자세를 내 발표나 의사전달의 도구로써 사용하기 위해 억지로 연출하고 연습할 필요는 없다. 자신의 감정 혹은 정서가 자연스럽게 불러일으켜지고 자연스럽게 고조되면 손동작 같은 것들은 자연스럽게 그에 따라 움직여지고 표현되게 된다. 무대 위에서 연기를 하는 배우가 대사를 하는 동안 손을 어떻게 처리할 것인가를 고민하게 된다면, 그 경우는 보통 배우가 미숙하거나 아직 배역에 대한 연구가 덜 되어서 자연스럽게 자기가 맡은 인물의 정서를 재현해 낼 수 없는 경우에 해당하기가 쉽다. 반가운 사람을 만나면 저절로 손이 나가서 악수를 하게 되고, 무엇을 가리키고 싶어지면 자연스럽게 손을 뻗어 그것을 가리키게 된다. 악수를 할 때나 무엇을 가리킬 때나, 멀리 있는 대상을 향하는 경우에는 팔을 많이 뻗게 되고, 가까이 있는 대상을 향할 때는 팔을 조금 뻗게 된다. 나의 자연스러운 내적 충동대로 하면 자연스러운 표현이 나오게 되어 있다. 그러니 "여기에서는 이런 포즈를 한 번 취해 볼까? 그러면 더 인상적으로 보이지 않을까?" "이 대목에서는 이런 식으로 양팔을 공중으로 뻗어야지." "히틀러처럼 사람들을 현혹하는 자세를 취해보자!"라는 식으로 미리 계산을 하지 않아도 된다. 우리나라의 정치가들이 연설을 할 때 그런 계산을 가지고 몸짓을 하면 우리 눈에는 그 모습이 어색하고 부자연스럽게 보인다. 그러나 다만 "정치 연설에서는 사람들이 저러곤 하지."라면서 관습적으로 용인을 해주는 것일 뿐이다. 우리가 진정성 있는 내면을 표현하는 의사전달을 추구한다면, 우리의 진심이 진실한 말들로 표현되고 우리의 몸짓들이 자연스럽게 나의 말들을 따를 수 있도록 하자.

연습 문제

1. 내 옆 동료의 옷차림이나 비언어적 표현을 통해서 그 사람이 어떤 사람인지를 파악해서 적어보도록 하고, 당사자와 의견을 나누어 보자.

2. 내 마음을 전하고 싶은 사람이 있다면, 그 사람에게 어떠한 비언어적 표현으로 호감을 전달할 수 있을지 생각해 보자.

3. 어떤 목표물에 접근할 때 그 대상을 향해 직선으로 접근해 가는 것보다는 완만한 곡선을 그리면서 이동해 보는 것이 더 우아한 모습으로 보여진다고 한다. 친구와 함께, 서로에게 완만한 곡선을 그리면서 다가가는 연습을 해 보자. 물론 등을 곧게 편다거나 고개를 바로 든다거나 하는 등의 바른 자세 유지가 미리 전제되어야 한다.

11장

양괄식 논리 전개

우리의 의사전달을 명확히 하기 위해서, 우리가 하는 말의 내용이 '양괄식'의 논리 전개 구조를 갖도록 노력해 보자. 우리가 굳이 훈련을 하고자 하는 의사전달은 되도록 논리와 합리에 의해 메시지를 전달하여 상대방을 '설득'하고자 하는 의도를 전제로 하고 있는 것이며, 그러한 의도 실현에 양괄식 논리 전개 구조는 매우 유용하다.

'설득'에 대해서는 상황에 따라 각인각색으로 다르게 정의할 수 있을지도 모르겠다. 그러나 여기서 우리가 말하는 설득이란, 수단과 방법을 가리지 않고 내가 원하는 것이 이루어지도록 하는 것을 가리키지는 않는다. 가령 직장의 상사는 "너 그렇게 하려면 회사 관 둬"라고 위압적인 폭언을 해서 부하직원이 말을 듣도록 할 수 있을지 모른다. 하지만 우리가 추구하는, 우리가 이루고자 하는 설득이라는 것은 그런 것이 아니다. 우리가 말하는 '설득'의 형태는 EBS 다큐프라임 제작팀과 김종명이 공저한 『설득의 비밀』에서 설명하는, 다음과 같이 합리와 호혜를 원칙으로 하는 방식의 것이다.

> 설득은 결과만 도출해낸다고 성공이 아니다. 상대방이 이쪽의 이야기에 이해와 공감을 하고 의향을 바꾸어 이쪽의 의견을 따르도록 하는 것이 진정한 설득이다. 따라서 그 바탕에는 '상호 간의 의사소통'이라는 전제가 깔려 있다. 또, '상호 간의 이익'이라는 문제도 첨가되어야 한다.
>
> 단순히 이쪽의 의향대로만 결과를 도출해내려고 한다면 협박도 있을 수 있고 거짓을 이용한 방법도 있을 수 있다. 그러나 그것은 설득이 아닌 범죄다. 마찬가지로 이쪽의 의향대로 이끌어가기 위해 애원을 하는 것 또한 부탁은 될 수 있어도 설득은 될 수 없다. 설득에는 반드시 '상호 간의'라는 전제가 깔려 있다는 점을 잊지 말아야 한다.

『설득의 비밀』에서는 자신의 설득 역량이 얼마나 되는지를 측정하는 방법을 제공하고 있다. 그 방법을 따라서 우리들의 설득 역량을 측정해 보도록 하자. 다음의 문항들에 대답해 보자. "항상 그렇다"라고 대답할 수 있으면 5점, "자주 그렇다"라고 대답할 수 있으면 4점, "보통이다"라고 대답할 수 있으면 3점, "가끔 그렇다"라고 대답할 수 있으면 2점, "거의 그렇지 않다"라고 대답할 수 있으면 1점을 기록하도록 하자.

〈문항〉

1. 상대방의 기준과 근거를 무너뜨리기 위하여 객관적 근거를 제시한다.
2. 전문가 혹은 유명인사의 말을 인용하거나 동원한다.
3. 숫자 등 구체적인 자료를 제시하여 상대방의 데이터를 변화시키려는 시도를 한다.
4. 상대방이 마음의 문을 열도록 먼저 친밀한 대화를 시도한다.
5. 상대방의 말에 공감하면서 적극적으로 경청한다.
6. 상대방의 욕망과 동기를 파악하고 자극한다.
7. 다양한 대안을 평가하고 선택하도록 독려한다.
8. 상대방의 확신을 형성하도록 도와주고 촉구한다.
9. 긍정적 방향으로 행동을 변화하도록 동기와 의지를 강화한다.

자신이 기록한 점수를 합산하였을 때, 점수가 40점 이상이면 "설득 달인"으로 간주할 수 있다고 한다. 합계의 점수가 36점 이상이면 "설득 전문가"이며, 점수가 27점 이상이면 "지속적인 노력을 통하여 설득전문가가 될 수 있는" 사람이며, 만약 합계 점수가 26점 이하가 되면 "설득 전문가의 구체적인 지도가 필요"한 사람이다.

이상의 측정 항목들이 나타내듯이 우리의 설득, 메시지 전달, 의사소통은 합리성을 추구하게 되는 것이고, 이러한 합리성의 확보에 가장 효과적인 방식이 '양괄식'의 구조로써 나의 주장과 그 주장의 근거들을 제시하는 방식인데, 의외로 우리나라 사람들이 '양괄식'으로 자신의 논리를 펴 나가는 데에 아주 취약한 모습을 보이는 경우가 적지 않다. 그러니 우리는 이 지면을 통해서 '양괄식'에 대한 입문이나 복습을 제한적이나마 시도해 보도록 하자.

우리들 중 많은 사람들이 책 같은 데서 읽었거나 학교의 국어 수업 시간 같은 때에 이미 배웠듯이, 우리의 말과 글이 어떤 단락(문단)들을 이루면서 표현될 때, 그 단락들 안에서 주제문장이 어디에 위치하느냐에 따라 단락들을 '두괄식', '중괄식', '미괄식', '양괄식' 등으로 구분할 수 있다. 주제문장이 단락의 제일 처음, 머리 부분에 위치하게 되면 그것이 두괄식이다. 주제문장이 단락의 가운데에 오게 되면 그것은 중괄식이다. 주제문장이 단락의 제일 마지막 꼬리 부분에 자리 잡게 되면 그것은 '미괄식'이다. 그리고 주제문장이 단락의 시작 부분에서 나왔다가 단락의 끝부분에 다시 한 번 모습을 드러내게 되는 구조가 바로 '양괄식'이다.

한국 사람들은 제일 중요한 이야기를 가장 나중에 하게 되는 '미괄식'의 구조로써 말이나 글을 펼쳐나가게 되는 경우가 많다. 그러나 서양에서는 중요한 것일수록 가장 먼저 이야기를 하는 '두괄식'이나, 중요한 이야기를 말이나 글의 첫머리와 말미 부분에서 두 번 이야기 해주는 '양괄식'의 구조를 선호하고 있다. 의사 전달에 있어서 우리의 메시지가 되도록 명확해지고 강력해지기 위해서는, 우리의 말과 글이 양괄식의 구조를 갖도록 하는 것이 좋다.

그런데 한국 사람들은 '미괄식'의 구조로 생각하고 그 생각을 말과 글로 표현하는 것에 매우 익숙하다. 미괄식의 논리 전개 구조를 가진 말이나 글에 접하게 될 때는, 이야기의 끝부분에 가서야 요점이 나타나므로, 끝부분에 나타나는 중심적 단어들과 문장에 주의를 집중하여야 한다.

미괄식 구조의 의사전달을 가장 즐겨하고 가장 잘 구사했던 예가 될만한 사람은 아마도 조선일보 기자와 논설위원을 역임한 언론인 이규태일 것이다. 그는 유명한 칼럼 〈이규태 코너〉를 통하여 매우 다양한 소재들에 대하여 글을 썼는데, 그의 글들은 어떤 소재에 대하여 자신의 엄청난 식견을 종횡무진 드러낸 후에 마지막에 가서 그 소재가 오늘날의 우리 사회에 던져주는 의미를 슬쩍 던져 놓듯 하는 방식으로 주로 씌어졌다.

이규태의 글 한편을 통해서 '미괄식'의 특징을 재확인해 보자. 다음에 인용하는 글은 「장승백이 장승」이라는 제목의 1991년 10월 11일자 이규태 칼럼이다.

> 판소리 〈변강쇠전〉에서 여주인공 옹녀는 사주팔자에 과부살이 들었다. 열다섯에 얻은 서방이 첫날밤에 급살로 죽고 열일곱에 얻은 서방 용천병으로 뻗고 열여덟에 얻은 서방 벼락 맞고 돌아가니 서방에 퇴가 나고 송장 치기 신물난다.
> 그런 끝에 오다가다 만난 서방이 천하에 오잡놈 변강쇠다. 함양(咸陽) 땅 지리산에 들어가 살림을 이룩하는데 나무하러 내보낸 변강쇠란 놈 게을러 빠져 고갯길에 서 있는 장승들을 뽑아다가 패어 땐다.
> 지리산 장승 억울하고 원통하여 한양 노들강변에 있는 장승백이 장승을 찾아가 원을 풀어 달라고 소청을 한다.
> 팔도장승의 우두머리인 노량진 장승은 팔도장승들에게 사발통문을 돌려 노들 한강 백사장에서 변강쇠 규탄 장승대회를 연다. 팔도 99만 9천 9백 장승이 다 모인 이 대회에서 강쇠

에게 아흔 아홉 가지 병(病)으로 온몸을 도배시켜 서서히 죽어가게 하기로 결의한다.

여기에 군이 변강쇠전을 인용한 뜻은 팔도 동구 밖이나 고갯마루마다 서 있는 장승의 우두머리 장승이 한강 노량진 장승백이 장승이라는 것을 입증시키기 위해서이다. 왕중왕이듯이 장승중 장승이 장승백이 장승인 것이다. 아마도 이 장승백이로부터 팔도의 길이 갈라지기 때문에 여기 서 있는 장승을 우두머리로 추대하지 않았나 싶다.

이 노량진 장승백이 주민들이 지명과 유적지를 살리기 위해 옛 장승백이 삼거리에 천하대장군–지하여장군 한 쌍의 우두머리 장승을 복원하기로 하고 장승을 깎아 놓았는데 세우지 못하고 있다는 보도가 있었다. 그곳 기독교 단체에서 장승을 세우는 것이 기독교의 교리에 위배되는 우상숭배요, 미신을 실체화하려 한다는 것이 반대 명분이다.

장승의 기능은 첫째 이정표(里程標) 구실, 둘째 금표(禁標) 구실, 셋째 동구 밖에 세워 병액(病厄)이 드는 것을 막는 수호신 구실이다. 수호신 기능에서 파생되어 병이나 불행을 낫게 해달라고 비는 주술(呪術) 기능도 없지 않았다.

기독교에서 거부반응을 보인 것은 셋째 기능인데 요즈음 세상에 장승을 숭배하는 우상(偶像) 기능이나 병과 불행을 비는 미신기능을 추구하는 사람은 없을 것이다. 비록 있다 해도 교리가 다르다 해서 토속신앙을 타파할 수는 없는 일이다.

우리나라처럼 전통문물을 찢고 발기고 짓밟고 뭉개어 망각 속에 폐기하고 유실시킨 나라도 드문데 장승 중 장승이요 팔도장승의 우두머리 장승인 장승백이 장승은 문화재 차원에서라도 복원돼야 한다고 본다.

이 글에서 주장하고자 하는 바는 결국 "장승백이 장승을 복원하자"라는 것이다. 그리고 왜 그렇게 되어야 하는지, 주장의 근거가 글의 마지막 부분에 도달할 때까지 차츰차츰 쌓여 간다. 이 글은, 심지어 글의 앞부분이 마치 주제와 상관없는, 별 대수롭지 않은 잡담을 하는 것 같이 독자의 주의를 다른 방향으로 돌리는 듯한 느낌도 있다가 마지막에 사실은 글을 쓴 사람에게 진지하고 깊은 뜻이 있었음을 독자에게 알려주어서 글이 독특한 매력과 힘을 발휘하도록 한다.

미괄식의 구조를 갖는 글이나 말은 이런 특색을 가지고서 독자나 청자에게 호소력을 가질 수 있는데, 한편으로 그것은 자칫 일찌감치 상대방의 관심을 상실하게 되는 위험에 빠질 수도 있게 된다. 독자나 청자는 계속 "알았어. 알았어. 그러니까, 당신이 정말로 하고 싶은 말이 뭔데?"라는 불만을 가지다가 아예 딴 생각으로 빠져들게 되어 글쓴이 혹은 말하는 사람과 소통하는 데에 어려움을 겪을 수 있기 때문이다.

실제로 대학생들에게 "내 주변의 성공한 사람들이 가진 장점이나 특징은 무엇인가?"라는 제목으로 글을 써보라고 했더니 어느 학생이 아래에 인용한 것과 같은 글을 쓴 적이 있다. 자기 가족의 이야기를 꾸밈없이 적은 이 학생의 글 내용은 아름답고 인상적이기는 하지만, 이 학생이 정말로 중요하게 하고 싶은 이야기에 접하게 되기 위해서 독자는 인내심을 가지고 오래 기다려야만 한다.

> 내가 아주 어렸을 적, 유치원 다닐 무렵에 우리 집은 목포와 무안에 살며 할아버지 댁의 작은 방과 다른 사람 주택의 2층집에서 살았다. 그러다가 내가 초등학교 3학년에 올라갈 때 우리는 광주 풍암동의 20평대 아파트로 이사를 가게 되었고, 6학년에 올라갈 때는 쌍촌동에 30평대 아파트로, 지금은 상무지구에 60평의 주거형 오피스텔에 살고 있다. 아버지의 옛날 직업은 기억나지 않지만 지금은 배를 7척이나 가지고 계신 선주님이시고, 어머니는 미용실을 하시다가 주부생활을 하셨지만 지금은 수협중매인이시다. 나는 가끔 "우리 집은 〈인간극장〉(TV 다큐멘터리 프로그램)에 나가도 된다"라고 집에서 말한다. 부모님이 열심히 일하시고 번 돈으로 이만큼 성공했다고 생각하기 때문이다. 아버지는 선장님이 아니셔서 배를 직접 타시지는 않지만 그 이상 일이 많으시다. 일을 보시는 곳도 광주가 아니고 목포, 영광, 진도 등 차로 한참 가셔야 하시고 어머니도 신안군 지도까지 가셔야 하셔서 항상 새벽에 나가신다. 어머니는 겨울에 조금 쉬시지만 아버지는 거의 직업상 쉬는 날이 없으셔서 두 분 모두 새벽에 날마다 나가신다고 보면 된다. 이렇게 육체적으로나 정신적으로나 힘든 일을 하시면서 집을 키워나가셨다. 집안 분위기가 안 좋을 때 어머니는 우리들 (나와 동생들) 때문에 이렇게 일하신다고 하신다. <u>부모님이 가진 장점은 정신력이다.</u>

이 학생이 정말 하고자 하는 말, 가장 중요하게 하고 싶은 말은 인용 부분에서 밑줄이 쳐져 있는 부분이다. "내 주변의 성공한 사람들인 '우리 부모님'이 가진 장점"은 "정신력"이라는 것이 이 학생이 전달하고자 하는 메시지이다. 그런데 학생의 글에서는 이러한 주제문장이 너무 늦게 나오고 있다. 이 학생의 이야기를 듣는 사람들은 학생의 부모님이 어떠한 정신력을 가지고 있는가를 알고 싶다. 그런데 학생은 다른 말을 하다가 그 이야기는 아직 시작도 못하고 있다. 이 학생이 자신의 부모님에 대하여 들려줄 다음 이야기가 매우 아름답고 흥미로운 것이 될 것임을 짐작할 수는 있지만, 그 기다림의 시간이 길어지는 것은 효율적이지 못하다. 독자들은 마냥 기다릴 수 없으며, 다른 일을 더 중요한 일이나 흥미로운 일을 위해서 학생의 생각을 전달받기를 중단하고 떠나게 될 수 있다.

미괄식 구조를 갖는 말과 글은 이러한 약점을 가지고 있는데, 우리들은 주로 이러한 미괄식 구조에 익숙해서 자기도 모르게 말과 글과 생각이 그러한 모양새로 흐르게 되는 경향이 있다. 어느 대학 신입생이 말한 다음의 내용을 보도록 하자. "이번 학기에 하고 싶은 일"에 대해서 말해 보라는 발표 과제를 부여받은 어느 학생은 이렇게 미괄식의 구조를 말을 했다.

> 사람이 살다보면 중요한 것이 한문보다 중요한 게 없는 것 같습니다. 왜냐하면 생활의 대부분이 한문이기 때문입니다. 신문이나 뉴스나 어려운 글을 보면 거의 한문으로 도배해 놨기 때문에 그 한문을 읽고 이해하는 능력을 키우기 위해서 저는 이번 학기에 <u>한문 공부를 열심히 하려고 합니다.</u>

"이번 학기에 하고 싶은 일은 무엇입니까?"라는 물음에 대해서 이 학생이 "한문 공부를 열심히 하려고 합니다."라고 대답하면 신학기를 대하는 그의 계획이나 결심이 명확히 전달될 것이다. 그런데, 그런데 학생은 그런 명확한 대답을 하기 전에 "사람이 살다보면 중요한 것이……"라고 하면서 명쾌히 자신의 의사를 전달하지 못하고 있다. 그의 말 내용에서 어떤 문학적인 매력을 느끼거나 정서적인 느낌을 받는 사람들이 있을 수도 있겠고, 계속 듣고 있다 보면 결국 이 학생이 정말로 하고 싶은 말이 무엇인지를 알 수 있게도 되겠지만, 이 학생의 말은 자신의 의사를 주어진 짧은 시간 안에 효율적으로 전달하지는 못하고 있다.

이 학생의 발언 내용을 다른 학생이 다음과 같이 수정해서 다시 말했다. 수정해서 말한 학생은 주제문장을 자기 발언의 가장 첫 부분에서 말하고, 그 주제문장을 발언의 마지막에서 다시 한 번 사람들에게 들려주면서 청중의 기억에 자신의 계획이 확실히 새겨지도록 했다.

> <u>이번 학기 동안 저의 목표는 한문 공부를 열심히 하는 것입니다.</u> 지난 학기에 저는 한문 공부의 중요성을 절실히 깨달았습니다. 이유인즉슨, 평소 제가 즐겨 읽는 신문이나 즐겨 보는 뉴스에 등장하는 어휘가 난해했던 이유는 사실 모두 한자였기 때문입니다. 항상 한문 공부를 "해야지, 해야지" 생각만 했던 내 자신을 돌이켜 보고 <u>이번 학기엔 한문 공부를 열심히 해봐야겠습니다.</u>

또 다른 학생이 쓴 어느 글의 예는, 우리의 말과 글의 스타일이 저절로 중괄식이 되는 경향도 있음을 보여준다. 이 학생은 "내가 가장 좋아하는 음악"이라는 제목의 글을 썼는데, 그 글의 주제는 자신이 가장 좋아하는 음악은 쇼팽의 〈녹턴 20번〉이라는 것이었다. 이 학생이 쇼팽의 〈녹턴 20번〉을 좋아하는 이유를 나열한 본론의 마지막 단락은 다음과 같이 중괄식으로 글이 흘러 버렸다.

> 나는 이 음악을 알게 되면서부터 쇼팽의 다른 곡들에도 관심을 가지게 되어 관련서적이나 인터넷 등을 통해 알아보면서 정보를 얻었다. 그러면서 쇼팽 외에도 그 당시에 유명했던 베토벤이나 바흐, 슈베르트 등 다른 작곡가에게도 관심이 가 자연스럽게 <u>클래식 음악에 대한 지식이 넓어졌다.</u> 보통 사람들은 클래식하면 어렵고 딱딱하게만 느껴지는데, 보통 사람들과 달리 관심 있고 즐겨 듣는 나를 보면 내 자신이 괜히 자랑스러워지고 지나가다 우연히 내가 알고 있는 클래식 노래가 흘러나올 때면 뿌듯해지곤 한다.

이 단락에서 핵심이 되는 것은 쇼팽의 〈녹턴 20번〉이 자기가 클래식 음악에 대한 지식을 넓히도록 하는 계기가 되었다는 것이다. "인터넷 등을 통해 알아보면서 정보를 얻었다"라거나 "내 자신이 자랑스러워지고 뿌듯해진다는 것"은 핵심이 아니라 핵심에 이르게 된 과정이나 핵심이 이루어진 결과에 해당하는 것이다. 위의 글 부분을 양괄식으로 바꾸고자 한다면 아마 이 정도쯤으로 수정할 수 있을 것이다.

> 이 음악을 알게 되고 나서 나는 <u>클래식 음악에 대한 지식이 넓어졌다.</u> 나는 쇼팽의 다른 곡들에도 관심을 가지게 되었고, 쇼팽 외에도 베토벤이나 바흐, 슈베르트 등 다른 작곡가에게도 관심이 가게 되었다. 그래서 작곡가들과 그들의 음악에 관해 관련서적이나 인터넷 등을 통해 알아보면서 정보를 얻었다. 그러는 동안 그들의 음악에 대해서 자연스럽게 지식이 쌓이게 되었다. 그 결과로 사람들이 보통 '클래식'하면 어렵고 딱딱하게만 느끼는 것과 달리 관심을 가지고 즐겨 듣게 되었다. 이렇게 된 나를 보면 내 자신이 괜히 자랑스러워진다. 그리고 지나가다 우연히 내가 알고 있는 클래식 노래가 흘러나올 때면 뿌듯해지곤 한다. 나를 이렇게 <u>보다 넓은 클래식 음악에 대한 지식으로 이끌어 준 것이 바로 쇼팽의 〈녹턴 20번〉이다.</u>

이렇게 '양괄식'은 내가 전달하고자 하는 핵심 내용을 보다 뚜렷하게 독자나 청자들의 뇌리에 각인시킬 수 있는 장점이 있다. 양괄식은 주제문장을 첫머리에 내걸고 그것을 뒷받침한 다음에 마지막에 가서 주제문장을 다시 한 번 되풀이하는 형태이다. 이러한 양괄식은, 주제문장을 말머리에 배치하는 '두괄식'에다가 끝에 가서 주제문의 내용을 한 번 더 되풀이하는 모양새인 것이다. 사람의 집중력에는 한계가 있고, 처음과 마지막을 주로 기억하게 된다는 것을 고려하는 방식이라고 하겠다.

양괄식 단락의 예를 들어 보자. 다음에 인용되는 내용은 김용락 저 『현대희곡론』의 한 부분인데, 설명문에서 양괄식이 어떻게 사용될 수 있는가를 보여준다.

첫째, 현실에서는 있기 힘든 일들이 생길 때 극적이란 말을 쓴다. 죽는 순간에 헬리콥터가 나타난다든가, 애인을 만난다는 것은 있을 법하지만 현실에서는 쉬운 일이 아니다. 설령 이런 일들이 신문에 난다 해도 그것은 수천만의 인구 중에서 수 년 만에 몇 사람에게 일어나는 일들이다. 따라서 극적이란 말은, 있을 수는 있으나 없기가 더 쉬운 일이 일어날 때 쓰는 말이고, 그런 상황을 가리키는 말이라고 할 수가 있다.

이제 어느 학생이 쓴 글을 통해서, 주장을 펼치는 글이나 말에서 양괄식이 어떻게 활용될 수 있을지를 알아보자. 이 학생은 "나는 대도시에서 살고 싶은가, 지방의 소도시에서 살고 싶은가?"라는 질문에 답하면서, "나는 대도시에서 살기를 원한다."라는 주장을 펼치는 글을 썼다. 이 학생이 쓴 글의 모든 단락은 양괄식 구조를 갖추고 있다.

귀족 같은 삶을 원하는 나는 대도시에 살기를 원한다. 왜냐하면 대도시는 사람들이 편리하게 살 수 있는 모든 것들이 완비되어 있기 때문이다. 편리한 교통, 우수한 교육, 안정적인 치안 등 다른 소도시에서는 상상도 할 수 없는 것들이 마련되어 있어 삶의 질이 달라지기 때문에 나는 대도시에 살고 싶다.
내가 대도시에 살고 싶은 이유 중의 첫 번째는 편리한 교통을 꼽을 수가 있다. 다른 지방 도시에서는 버스를 타려면 30분, 많게는 한 시간을 기다려야 하는 경우나 하루에 버스가 한 대 밖에 오지 않는 경우가 허다하고 지하철이 없는 지역까지 있다. 또한 밤늦게는 택시조차 돌아다니지 않는 곳도 있다. 그러나 대도시에는 버스와 지하철을 환승까지 할 수 있는 시스템이 잘 구축이 되어 있고 밤늦게까지 운영하며 이것 또한 이용하지 못할 때는 24시간 돌아다니며 영업하는 택시가 있어서 무사히 집까지 도착할 수가 있다. 이렇게 교통이 편리하기 때문에 나는 대도시에 살고 싶다.
내가 대도시에 살고 싶은 두 번째 이유로는 우수한 교육 시스템을 들 수 있다. 대도시에는 모든 교육이 집약되어 있다. 유명한 학원이나 학교는 전부 대도시에 밀집해 있다고 해도 과언이 아닐 것이다. 우수한 교육시스템은 지방 소도시들이 받지 못하는 큰 혜택 중에 하나일 것이다. 소도시의 학생들은 대도시의 교육을 접하기 위해서 기차를 타고 왕복하고 있다. 이것은 많은 시간과 체력을 빼앗기며 상당히 비효율적이다. 그러므로 나는 소도시에 비해서 월등히 많은 우수한 교육시스템 때문에라도 대도시에 살고 싶다.
내가 대도시에 살고 싶은 세 번째 이유는 안정적인 치안 때문이다. 요즘 많은 흉악 범죄들이 발생하고 있다. 이것은 소도시나 대도시나 마찬가지일 것이다. 하지만 소도시에서 범죄가 발생했을 때와 대도시에서의 범죄가 발생했을 때의 대처 방법은 상당히 다르다. 일단 대도시의 길거리에는 CCTV가 많이 있어서 범죄 후 용의자를 검거하기가 상당히 수월해진다. 또한 거리마다 많은 지구대가 있고 많은 경찰들이 순찰을 돌기 때문에 그만큼 범죄 발생률을 낮춰줄 뿐만 아니라, 범죄 발생 시 신속한 대응으로 큰 피해를 줄일 수 있다. 이런 부분에서는 동네에 한 개 밖에 없는 지구대를 소유한 소도시에서는 불가능하다고 본다. 이렇게 치안적으로 훨씬 안전한 대도시에서 나는 살고 싶다.

대도시는 소도시보다 훨씬 나은 점들을 가지고 있으므로 <u>나는 대도시에서 살고 싶다.</u> 대도시는 편리한 교통, 우수한 교육, 안정적인 치안을 가지고 있고 이 부분은 소도시가 따라올 수 없다. 대도시는 소도시에 비해서 발전 속도가 <u>빠르기 때문에</u> 이미 존재하고 있는 이러한 장점들이 더욱 더 향상되고 있다. 사는 데 편리하고 안락한 교통, 교육, 치안 이 세 가지를 소유하고 싶다면 <u>어서 대도시로 입주하는 것이 좋을 것이다.</u>

이러한 양괄식의 구조를 갖추는 것은 서양의 영향을 받은 우리의 학문적 글쓰기에서 주로 강조되고 있다. 그러나 말을 함에 있어서도 이러한 구조는 유용한 것으로서 추천되고 있다. 『대화의 법칙』에서 미국의 방송인 래리 킹은 말을 할 때도 이러한 양괄식의 구조를 사용하라고 충고한다. 그가 조언하는 말하기의 방식은 다음과 같다.

1) 무슨 이야기를 할 것인지 서두에서 밝혀라.
2) 본론을 이야기 하라.
3) 무슨 이야기를 했는지 요약함으로써 마무리하라.

래리 킹에 의하면, 서론 부분에서는 자신이 앞으로 무슨 이야기를 할 것인지를 미리 예고해 줌으로써 청중의 이해를 돕는다. 그리고 본론을 전달한 다음에는 결론 부분에서 자신의 이야기를 다시 한 번 간단히 정리해 준다. 이렇게 할 때 서두에서 한 표현을 그대로 다시 사용하기보다는 약간 변형시킨 다른 표현을 사용해 준다.

'양괄식'의 테크닉은 조금씩 변형시켜서 우리가 말을 하고 의사소통을 하는 데에 다양한 방식으로 활용할 수 있을 것이다. 예를 들어 작가 김준영은 그의 『취업면접비법』에서, 입사시험을 위한 면접에서 프리젠테이션을 하게 된다면 그때 자신의 "발표논리구조"를 청자들에게 미리 설명해주라고 조언하는데, "앞으로 내가 할 말을 미리 요약해서 설명해 주는 것"이 바로 서론에 해당한다. 김준영은 취업 준비생들에게 이렇게 조언한다.

(전략) 당신이 어떤 식으로 발표할지 논리구조를 설명하라. 이것만 해도 면접관들의 표정이 달라질 것이라 확신한다. 대부분의 면접자들은 들어오자마자 어리버리 주제발표 하면서 머리 긁적이고 바로 서론에서부터 긴장하고, 본론에서 횡설수설, 결론은 당연한 이야기. 이런 식으로 진행된다. 비록 당신의 PT에도 특별한 내용이 없을 수 있지만 초반에 논리구조를 설명하면 면접관은 당신의 발표내용을 구조화시켜서 머릿속에 넣

기 때문에 다른 경쟁자보다 훨씬 잘한 것처럼 느껴진다. 같은 내용의 발표에 이 논리구조를 설명한 것과 설명하지 않은 것은 평가점수에서 50% 이상 차이가 있을 정도로 효과가 탁월하다.

그리고 그는 직장을 구하기 위해 자기소개서를 쓸 때나, 각종 프리젠테이션을 할 때도 처음과 끝을 중요하게 생각해서 그것들을 인상적으로 만들도록 하라고 조언한다. 이미 언급했던 대로 인간의 집중력은 한계가 있고, 머리는 전체 내용 중에서 처음과 끝부분을 더 잘 기억하기 때문이다.

말로 하는 의사소통에 있어서는 상대방이 말한 내용을 내가 다시 한 번 요약해 주는 방식 등으로 '양괄식'을 응용해 볼 수 있을 것이다. 우리는 대화가 끝난 후 상대방에게 자신이 파악한 요점을 재확인 할 수 있다. 가령, 전성일의 『화술의 힘』에서 예시하듯이, 부하직원이 이야기한 것에 대해서 상사는 다음과 같이 자신이 요점을 파악하고 있음을 알려주면 좋을 것이다.

음, 알았네. 지금 자네 이야기를 듣고서 요점을 체크해 놓았네. 맨 처음에 말한 것은 ○○에 대한 것, 다음은 ××건, 셋째는 △△의 일, 마지막이 □□. 이것이 전부였다고 생각하는데 빠뜨린 것 없는가?

이미 이야기된 것처럼 우리나라 사람들은 미괄식으로 논리를 펼치는 구조에 더 익숙한 경향이 있고, 서양 사람들은 두괄식 혹은 두괄식을 강화시킨 양괄식 구조에 더 익숙한 경향이 있다. 이러한 사고방식의 차이는 자기 집의 주소를 적는 방식에서도 드러난다고 하겠다. 가령 우리는 "경기도 구리시 장자호수길……"하는 식으로, 나에게서 멀고 커다란 개념부터 적어가다가 제일 마지막에 "……홍길동"하고 가장 중요한 자기 이름을 적는다. 그러나 서양 사람들은 자기 이름부터 적은 다음에 자기 집의 홋수, 거리 이름, 도시 이름……의 순서로, 가장 구체적이며 중요한 정보부터 적어나간다.

이러한 사고방식, 혹은 사유 방식의 차이는 쉽게 극복되지는 않을 것이다. 그러나 훈련을 통해서 우리는 필요한 방식을 우리가 원하는 대로 구사할 수 있게 될 것이다. 그리고 다른 사람들이 잘 구사하지 못하는 방식을 우리가 능숙히 구사할 수 있게 된다면 그것은 다른 사람들과 우리가 구별될 수 있는 특별한 장점으로 작용할 것이다. 이런 점을 염두에 두면서 '양괄식' 구조의 논리 전개 방식을 계속 훈련하도록 하자.

다음의 주제문장들을 양괄식의 구조로 설명하거나 주장해 보자. (자신의 가치관에 구애받지 말고, 논리의 전개 방식을 훈련하기 위해 다음의 문장들을 채택해 볼 수 있다. 또는 자신의 가치관이나 상황에 맞는 다른 주제문들을 설정하여 그것들에 대하여 양괄식의 구조로 설명하거나 주장해 보라.)

1. 저는 아이스크림을 좋아합니다.
2. 귀사(貴社)에서는 저를 채용해야 합니다.
3. 자동차를 새로 사야 할 것 같습니다.
4. 당신은 지금 창업하면 안됩니다.
5. 저에게는 지금 휴가가 필요합니다.

12장

메시지를 뒷받침하기

우리가 메시지를 전달할 때 그것은 구체적인 자료들로써 뒷받침되면 좋다. 아래에 인용되어 있는, 여러 해 전에 "내가 가장 좋아하는 음식"이라는 주제로 누군가가 발표했던 내용을 살펴보자. 아래의 내용은 단지 "나는 붕어빵이 좋다", "그냥 좋다" 정도로 그치는 것이 아니라, 왜 붕어빵을 좋아하는지 이유들을, 자기가 전달하고자 하는 메시지의 논리적 근거들을 밝히고 있다.

〈가장 좋아하는 음식〉

[서론] 이 세상에는 온갖 종류의 좋은 음식들이 있지만, 제가 그 무엇보다도 가장 좋아하는 음식은 붕어빵입니다. 붕어빵은 우선 다른 음식들에 비해 값이 싸므로 적은 돈을 들여서 충분한 양을 먹을 수 있고, 단지 밀가루와 단팥만을 재료로 만들어지기 때문에 식품첨가물들이 들어가는 다른 음식들에 비해 건강에도 좋습니다. 그리고 그것은 무엇보다도 오랜 세월 동안 고생하시면서 제가 공부할 수 있도록 뒷바라지를 하셨던 우리 어머니를 기억나게 하기 때문에, 저한테는 이 세상에서 가장 정다운 음식입니다. 저는 간식뿐만 아니라 식사를 원할 때도 자주 붕어빵을 사서 먹곤 하는데, 보통 일주일에 한 번 이상은 붕어빵을 먹게 됩니다. 그리고 제가 붕어빵을 사 먹을 때마다 저는 한 번도 그런 선택에 대하여 후회하게 되는 적이 없으니 붕어빵은 그야말로 제가 아는 최고의 음식입니다.

[본론 단락 1] 붕어빵이 다른 음식들에 비해 좋은 이유 중의 하나는, 그것의 가격이 저렴하다는 것입니다. 붕어빵은 어디에서든지 이 천 원을 내면 네 개를 사 먹을 수가 있는데, 그 가격을 지불하고 그만큼의 양을 먹을 수 있는 음식은 요즘 아무것도 없습니다. 게다가 저의 위장은 붕어빵 네 개만 먹으면 부담스럽지도 않고 부족하지도 않으면서 적당한 포만감을 느끼게 되기 때문에, 붕어빵은 저에게 가장 효율적인 시세의 먹거리가 되는 셈입니다. 그것의 가격이 계속 그런 수준으로 유지되는 이상 그렇게 싼 값으로 저에게 만족을 주는 다른 음식은 결코 없을 것이므로, 저는 붕어빵을 끊임없이 애호하지 않을 수 없습니다.

> **[본론 단락 2]** 붕어빵이 다른 음식들에 비해 좋은 또 다른 이유들 중의 하나로는, 그것이 다른 음식들에 비해 건강에도 좋다는 점을 들 수 있습니다. (중략)
>
> **[본론 단락 3]** (중략)
>
> **[결론]** 점점 새로운 먹거리들이 개발되고 우리가 먹는 음식의 종류가 다양해져 가고 있지만, 붕어빵은 여전히 저의 가장 큰 총애를 받는 음식의 위치를 굳건히 지키고 있습니다. 값이 싸고, 건강에도 좋고, 그리운 어머니도 생각나게 만드는 이상, 붕어빵은 저에게 그 어느 음식과도 비교할 수 없는 최고의 음식이 되지 않을 수 없습니다. 오늘도 일을 마친 후 저는 버스 정류장의 단골집에서 붕어빵을 사고, 집으로 돌아가서 제가 아는 최고의 음식을 즐길 것입니다. 요즘에는 저의 아내와 아이들도 제가 사 오는 붕어빵을 함께 먹는 재미에 빠져들고 있습니다. 제가 가장 좋아하는 음식인 붕어빵은 우리 가족 모두가 가장 좋아하는 음식이 되어 가고 있습니다.

위의 발표 내용은 "나는 붕어빵이 좋다"라고 메시지를 전달하면서, 그 이유로서 "① 값이 싸다 ② 건강에도 좋다 ③ 어머니를 생각나게 한다"라는 세 가지 근거들을 제시하고 있다. 서양의 수사학에서는 아주 오랜 옛날부터 어떤 주장에 대하여 세 가지 정도의 근거를 드는 것을 권장하고 있는데, 원래 의도했건 의도하지 않았건 간에 위의 발표 내용은 적당한 수량으로 메시지에 대하여 근거를 제시하고 있다고 볼 수 있다.

적절한 근거들을 제시하면, 당연히 내가 전달하려는 메시지가 강력한 호소력을 갖게 되는데, 이때 각각의 근거들이 범주나 개념의 크기에서 서로 대등하게 균형을 맞추는 것이 좋다. 앞에 인용된 내용도 "내가 붕어빵을 좋아하는 이유"로서 ① 가격의 측면 ② 건강의 측면 ③ 정서적(어머니의 기억) 측면으로 서로 대등한 크기의 개념이나 범주들을 제시하고 있다.

"나는 내 남자친구/여자친구가 좋다"라는 메시지를 전달하고자 한다면, 그 메시지를 전달하는 근거들로서 "① 그 애는 얼굴이 잘 생겼다/ 예쁘다. ② 그 애는 공부를 잘한다. ③ 그 애는 마음씨가 착하다." 정도로 서로 개념이나 범주의 크기가 대등한 것들을 제시하는 것이 좋다. 내가 왜 그 사람을 좋아하는지를 외형과, 지능, 심리 등 대등한 크기의 개념 혹은 범주로써 분석함으로써 화자 혹은 필자는 자기 주장을 잘 짜여진 체계로 전달할 수 있게 되는 것이다.

어느 여학생은 "나는 내 남자친구 ○○○이 좋다"라는 메시지를 전달하는 발표를 하면서, "① 그 애는 얼굴이 잘 생겼다. ② 그 애는 눈이 크다. ③ 그 애는 마음씨가 착하다."라는 근거들을 제시했었다. 이 학생이 제시한 근거들 중 ②번 "눈이 크다"는 ①번 "얼굴이 잘생겼다"에 개념이나 범주적으로 포함이 되는 내용이다. 아마도 자기 남자 친구의 커다란 눈에 매혹되고 그 눈이 자신에게 남자친구의 매력으로 작용한다는 것은 그 여학생의 가슴 속에 담겨 있는 매우 소중한 진심일 것이다. 그러나 자신의 논리를 효과적으로 전개하고 뒷받침하는 방식으로서는 조금 수정을 요구받게 될 것이다.

앞에서 소개된 적이 있는 "나는 대도시에서 살아야 한다"라는 주장을 하는 과제가 부과되었을 때, 어느 학생은 그러한 주장의 근거로서 "대도시는 시골에 비해 ① 버스 노선이 많다 ② 교육환경이 좋다 ③ 취업의 기회가 많다"를 제시한 적이 있었다. 이 세 가지 근거들 중에서 ②번(교육환경)과 ③번(취업의 기회)에 비해 ①번(버스 노선)은 지엽적인 느낌을 주는 것으로서 개념 혹은 범주의 크기가 다른 근거들과 대등하지 않았다. 그래서 이 학생은 자신의 발표 내용을 약간 수정하여 "대도시는 시골에 비해 ① 교통이 편리하다 ② 교육환경이 좋다 ③ 취업의 기회가 많다"라고 주장의 근거들을 제시하였다. ①번을 "버스노선이 많다"에서 "교통이 편리하다"로 고침으로써, 세 가지 근거가 개념 혹은 범주의 크기에서 대등하게 되었다. 학생이 ①번을 말한 것은 아마도 버스를 자주 이용하게 되는 자기의 생활 속에서는 "버스 노선"이 많은 것이 가장 중요한 삶의 결정적 요인 중의 하나로 피부에 절실하게 와 닿았기 때문일 것이다. 그러나, 다음 단계로 하위 개념들 혹은 하위 범주들에 대하여 언급하면서 자신의 주장하는 바를 더욱 자세하게 얘기하기 위해서는 "교통", "교육", "취업" 등으로 개념 내지는 범주의 크기를 대등하게 맞추는 것이 좋다. 그래야 "교통"을 얘기하면서 버스와 지하철 등으로 이야기를 더욱 구체화시킬 수 있고, "교육"을 얘기하면서 초중고등학교, 대학교로 이야기를 더욱 세분화시킬 수 있으며, "취업"을 얘기할 때도 중소기업, 대기업을 나누어서 언급할 수 있는 체계를 갖추게 되기 때문이다.

실제로 글쓰기 훈련이나 발표 훈련에 참여해 보면 우리들 중의 많은 사람들이 이러한 방식으로 균형 있게 자기 주장의 근거들을 배치하는 데에 어려움을 느끼는 경우가 적지 않다. 우리는 일상생활에서부터 조금씩, 어떤 메시지를 전달할 때 그 메시지를 뒷받침하는 근거들이 서로 대등한 개념 혹은 범주의 크기를 갖도록 노력하면서 연습하도록 하자.

1. 다음의 메시지들을 뒷받침하는 근거들을 세 가지 씩 개념 혹은 범주의 크기가 균형을 이루도록 들어 보라.

> • 우리 민족은 통일이 되어야 합니다.
>
> • 나는 당분간 지금 가지고 다니는 전화기를 바꾸지 않으려고 해.
>
> • 우리, 아파트로 이사 가요.
>
> • 근래에 본 영화 중에서는 ~이 최고였어.
>
> • 부장님, 이번 회식은 ~에 가서 하는 것이 좋을 것 같습니다.
>
> • 우리 사무실에서 세 가지는 고쳐야 할 것 같아요.

2. 위의 것들 외에 다른 메시지들도 만들어 보고, 근거를 제시하는 연습을 해 보도록 하자.

13장
유머와 비유의 활용

유머는 나 자신에게서 찾는 것이다. -존 맥스웰

유머는 훌륭한 세일즈 도구다. -로저 도슨

유머는 팀을 이루고 사기를 높인다. -밥 로스

유머는 일을 유쾌하게 교제를 명랑하게 가정을 밝게 만든다. -데일 카네기

유머는 삶의 부조화 속의 갈등을 결박하는 안전벨트다. -제랄드 피아제

오늘 멋지게 웃은 자는 역시 최후에도 웃을 것이다. -니체

(용혜원 저, 『성공을 부르는 웃음, 유머』에서)

상대방을 웃게 만드는 유머는 우리의 의사전달에서 매우 유용한 도구이다. 나의 유머에 상대방이 웃는다면, 그것은 나의 말이 상대방의 마음을 휘저었으며 그렇게 해서 경계심이 없어진 상대방의 정서가 그 순간만큼은 나와 동화되었다는 것을 의미한다. 그래서 샘 리스는 『레토릭: 세상을 움직인 설득의 비밀』에서 웃음은 "무의식적인 동의"라고 말한다.

웃음은 여러 가지 좋은 효과를 준다고 알려져 있다. 웃음을 생활의 활력소로서 강조하기를 원하는 사람들은 홍성현이 『유머 잘하는 사람이 세상을 리드한다』에서 말하듯이, 웃는 것이 저절로 복식호흡이나 케겔운동이 되는 일이라서 생식기능이 강화되고 요실금이나 변비예방이 되는 일이라고까지 의미부여를 하기도 한다.

그런데 이렇게 좋은 웃음을 우리는 잘 활용하지 못하는 것 같다. 우리는 되도록 자주, 많이 웃을 필요가 있을 텐데 말이다. 그래서 송길원의 『유머, 세상을 내 편으로 만드는 힘』 같은 책은 이렇게 말한다. 사람이 70년을 산다고 가정한다면, 우리가 일생동안 잠을 자면서 보내는 시간을 합하면 23년이 되고, 씻는 시간이 2년, 일하는 시간이 26년이 된다. 화장실에서 보내는 시간들을 합산하면 1년이 되고, 거울을 보는 시간이 1년 반이며, 기다리는 시간이 3년, 차

타는 시간이 6년, 신문을 보는 시간이 2년 반, 텔레비전을 보는 시간이 4년이고 화내는 시간이 2년이다. 그런데 웃는 시간은 고작 88일에 불과하다! 그만큼 우리가 일생 동안 웃는 시간이 적으니 많이 웃도록 하자……

우리 사회가 점점 민주화되고 소통이 강조되는 분위기이기 때문에, 웃음과 유머에 대해서 전보다 긍정적으로 생각하게 되고, 그것들의 중요성이 더욱 인식되고 있다. 홍성현의 『유머 잘하는 사람이 세상을 리드한다』에 의하면, 어느 기업 같은 경우는 회의를 본격적으로 시작하기 전에 참석자 모두가 유머를 한 자락씩 펼쳐 놓도록 한다고 한다. 그렇게 하면 긴장이 풀리고 사고가 유연해져서 좋은 아이디어들이 많이 생산되기 때문이라는 것이다. 대통령선거에 나오는 후보들조차도 자신들이 권위적인 사람이 아니라 국민과 잘 소통할 수 있는 부드럽고 유쾌한 사람이라는 것을 유머로써 호소하려고 노력하는 모습을 보여준다. 우리나라의 18대 대통령선거 나왔던 후보자들의 예를 들어 보자. 당시 박근혜 후보 같은 경우는 어느 토론회에 나와서 이렇게 말했다고 한다. "심장의 무게가 얼마인 줄 아세요? 정답은 두 근 두 근, 합해서 네 근이에요. 여러분을 만나러 오면서 제 마음이 그랬답니다." 문재인 후보는 상공인들을 만났을 때 이렇게 말했다고 한다. "오랫동안 제가 등산을 못했습니다. 내년부터 제가 북악산으로 등산을 다닐 수 있도록 도와주세요!" 그런가하면 안철수 후보는 어느 방송 프로그램에 나왔을 때, "혹시 천재가 아니냐?"는 질문에 이렇게 대답했다고 한다. "학창시절 성적표에 '수'가 거의 없었는데, 자세히 보니 딱 하나 '수'가 있었어요. 근데, 그게 철수의 '수'자더라고요."

송길원의 『유머, 세상을 내 편으로 만드는 힘』은 평범하고 쉬운 표현들로 구사하는 유머의 모범으로서 유명한 스포츠 캐스터 송재익의 말을 예로 든다. 그는 논리적이거나 현학적이지 않은 어휘들을 사용하면서 비유를 잘 구사하여 듣는 사람으로 하여금 마음속으로 생생한 그림을 그리도록 한다는 것이다. 비유를 풍부하게 사용하는 송재익 식의 표현법을 우리도 참고해 볼 수 있을 것이다. 작가 송길원이 예로 드는 송재익 아나운서의 말들의 예는 다음과 같다.

- 마치 며느리가 시아버지께 밥상 들여가듯 말이죠. 잘 넣어줬네요.
- 저런 행동은 마치 자갈밭에서 자전거를 타고 신문을 읽는 행동이군요.
- 아, 마치 외딴 백사장에 혼자 처박힌 빈 콜라 병 같군요.
- 황선홍 없이 하는 경기는 마치 장기에서 차, 포 떼고 상, 졸만 가지고 하는 것과 다를 바가 없지요.
- 드디어 후지산이 무너집니다.
- 마치 어항 속의 물고기 떼처럼 움직여요.
- 홍명보가 없는 한국팀, 막대기 없는 대걸레예요!
- 아～ 오카다 감독이 저 두꺼운 안경을 쓰고 벤치에서 고뇌하는 모습을 보면 마치 로댕의 생각하는 사람을 연상케 해요.
- 이탈리아 오늘 대문은 다 잠갔는지 몰라도 쪽문이 다 열렸어요.

직유와 은유가 가득 찬 이런 비유의 방식을 송길원 자신도 활용한다고 하는데, 예를 들어 그는 "제 강의를 절대로 무단 녹음하시면 안됩니다. 이것은 지적 소유권 문제니까요."라고 딱 딱하게 말하기 보다는, 비유 혹은 그림 언어를 사용하여 이렇게 말한다고 한다. "녹음테이프를 통해서 정보를 이웃들과 나누는 것은 좋은 일입니다만, 저는 제 강의를 녹음하지 않도록 하는 것을 원칙으로 하겠습니다. 생각해 보십시오. 잔칫집의 음식은 잔칫집에 가서 먹는 것이지 누가 배달시켜서 먹습니까? 배달시켜먹다가 배탈이라도 나면 누가 책임지지요?" 송길원은 그림언어에 능숙해지기 위한 방법으로 옛 속담이나 고사성어를 활용할 것을 권한다.

웃음에 따른 신체의 변화 (출처 – 삼성서울병원)

뇌 – 베타 엔드로핀 분비가 촉진, 뇌 내 모르핀 분비 증가, 기민성과 기억력을 높여준다.

폐 – 코티솔(스트레스 호르몬) 분비 억제, 신경조직 이완을 통해 폐 속 깊은 곳까지 산소를 공급한다.

위, 간, 대장 등 소화기관 – 인터페론 감마 분비 증가, 바이러스 저항력 증가, 각종 소화기 암 예방 효과가 있다.

요통, 디스크 – 신경펩타이드(엔도르핀, 엔케팔린) 분비, 고통을 억제하는 진통제 역할을 한다.

혈액 – 병원체 자연 살해 세포(NK) 활성화, 면역 기능 증가, 암세포를 공격한다.

(용혜원 저, 『성공을 부르는 웃음, 유머』에서 재인용)

그런데 우리가 유머를 사용하려고 할 때 주의하면 좋은 점들이 있다. 우선 방송인 래리 킹은 『대화의 법칙』에서, 유머를 사용할 때 다음과 같은 상투적인 말로 시작하지 말라고 충고한다.

1) 농담 한 마디 하겠습니다(농담을 여러 마디 하겠다고 하는 사람은 아무도 없다.)
2) 오늘 여기 오는 데 재미있는 일이 하나 있었습니다.
3) 농담이 하나 있는데, 들어 보면 재미있을 겁니다. 진짜로 웃기는 이야기예요.
4) 농담 하나가 생각나는데, 들어 본 사람도 있겠지만 해보겠습니다.

연습 문제

> 잘 알려져 있지 않고, 듣는 사람들의 불쾌감을 불러일으키지 않을 우스갯소리 세 개를 수집하여 다른 사람들 앞에서 말해보자.

또 한 가지 유의하면 좋을 점은, 섣부른 유머는 삼가는 것이 차라리 낫다는 것이다. 의사를 전달하는 데에 있어서 유머가 매우 유용하며 효과적인 윤활유가 된다는 것을 우리는 안다. 그러나 때와 장소에 맞게 적절하지 못한 유머는 듣는 사람에게 그만큼 불쾌감을 불러일으킨다는 것도 꼭 기억할 필요가 있다.

2002년에 있었던 우리나라의 대통령 선거에서는 유력한 후보가 권위적이라는 자신의 이미지를 개선하고 젊은 세대에게 다가가기 위해서 유머를 사용하려다가 오히려 역풍을 맞는 일이 있기도 했다. 관련 신문 기사를 소개해 보도록 하겠다. 인터넷 신문 오마이뉴스에 2002년 5월 6일자로 실린 "이회창 '빠순이...' 발언 구설수"라는 제목의 기사이다.

> 한나라당 이회창 대통령 후보가 여고생들을 가리켜 "빠순이 부대…"라고 지칭해 물의를 빚고 있다.
>
> 이 후보는 15일 스승의 날을 맞아 서울 은평구 대조동 동명여자정보산업고등학교를 방문해 일일교사로 강의를 했다. 350여 명의 여학생들이 모인 강당.
>
> 이 후보는 불쑥 "여러분들을 보니 명랑하고 '빠순이 부대'가 많은 것 같아요"라고 말했다. 그는 이렇게 말을 이었다. "우리 당에도 많아요. 지방 돌아다녀보면 오빠부

대 많아요. (저는) 오빠가 아니라 '늙빠'지. 늙은 오빠….”

어린 여학생들과 첫 대면에서 분위기를 좋게 하기 위해 던진 농담이건만 분위기는 그렇지 않았다. 학생들은 술렁거렸다. 이 후보는 인기스타를 쫓아다니며 “오빠~”를 외치는 '10대 오빠부대'를 지칭하는 뜻으로 '빠순이'를 썼지만, 보통 이 단어는 술집 여종업원을 가리키는 속어로 쓰인다. 예기치 않게 썰렁한 분위기가 형성되자 이 후보는 급히 화제를 바꿨고 강연은 이후 별 탈 없이 진행됐다.

'빠순이' 발언이 물의를 빚을 것으로 보이자 한나라당은 급히 진화에 나섰다. 강연 후 이 후보를 수행했던 보좌진은 동행했던 취재기자들에게 비보도를 요청했다.

한나라당을 출입하는 한 중앙일간지 기자는 “이 후보측에서 강연 직후 말실수이고 해프닝인데, 정치인이 욕한다고 그 욕을 다 쓰지는 않지 않느냐며 보도하지 말 것을 강하게 요청했다”고 전했다.

이 후보 측 설명에 의하면 그 발언은 이 후보의 생각이 아니라 정병국 의원이 어린 여학생들과 금세 친해지는 방법으로 적어준 내용이었다. 하지만 이 후보의 발언은 〈대한매일〉에 보도되면서 세상에 알려졌다.

말을 할 때 적절히 유머를 사용하는 것이 중요하다는 것은 너무나도 많은 사람들이 강조해 온 사실이다. 적절하지 못한 타이밍에 적절하지 못한 내용의 유머를 사용하면 역효과가 크다. 사실 우리 생활에서 불쾌감을 느끼는 많은 경우는 상대방의 유머가 적절하지 않기 때문이다.

작가 송길원은 『유머, 세상을 내 편으로 만드는 힘』에서 자신이 구사했던 유머가 오히려 타인을 불쾌하게 만들었던 경우를 하나 털어놓는다. 작가는 이런 솔직한 자기 고백을 통해서 우리가 대수롭지 않게 유머랍시고 던지는 말이 어떤 사람들에게는 상처가 될 수도 있으므로 매우 조심할 필요가 있다는 교훈을 준다.

미국에서 부부들을 중심으로 강의를 할 때였다. 성(性) 강의였으므로 신체에 대한 묘사도 자연스럽게 나올 수밖에 없는 상황이었다. 그런데 분위기가 너무 딱딱해서 나는 이런 조크를 던졌다.

“요즘 많은 여성들이 자궁을 들어낸다죠? 그래서 '빈궁마마'가 한둘이 아니라고 합니다.”

예상대로 모두들 깔깔대고 웃었다. 그런데 나중에 들은 얘기지만, 그 가운데 얼마 전 자궁 수술을 받은 부인이 있었고 내 말에 상처를 받았다는 것이다.

사실, 이런 식의 실수를 우리는 드물지 않게 범한다. 독실한 기독교 신자인 어느 어머니가 자기 딸이 나이를 먹어가면서도 결혼을 하지 않고 있는 것에 대해서 걱정이 심했다. 자기 딸은 좋은 학교를 나와서 좋은 직장에 다니고 있는데, 좋은 사람을 만나서 결혼하려는 생각만큼은 좀처럼 하지 않고 있다는 것이다. 옆에서 어머니의 그런 걱정 어린 말을 듣고 있던 어느 사람이 이렇게 말했다. "그게 다 하느님의 뜻이죠, 뭐." 이렇게 말을 던진 사람은 신앙심 깊은 어머니를 보면서 우연히 하느님을 떠올리고 자기 나름의 유머 감각을 발휘한 것이겠지만, 자기 딸에 대해서 진지하게 걱정하면서 안타까워하는 마음을 토로하고 있던 이 어머니는 당사자로서 그 말을 듣기에 불쾌하지 않을 수 없었다. 마찬가지로, 온몸에 두드러기가 나서 가렵고 고통스러운 사람이 건강을 염려하고 있는데, 그의 친구는 자신의 유쾌함으로 그 친구의 근심을 덜어주겠답시고 "너, 몸이 마치 자폭하려는 것 같다"라고 말한다면 그 친구에게는 전혀 위로나 기분전환이 되지 못하고 불쾌감만 주게 될 것이다. 2010년에 북한이 연평도를 포격하는 사건이 있었을 때 어느 정치인은 현장에 갔다가 화염에 그을린 소주병을 보고 "이게 진짜 폭탄주"라고 농담을 했다가 곤욕을 치르기도 했었다. 북한의 포격에 의해 정신적으로 재산상으로 크게 피해를 입은 연평도의 실태를 파악하러 간 자리에서 그는 유머감각을 발휘해 보겠답시고 그런 말을 했다가 오히려 연평도의 주민들을 불쾌하게 만드는 역효과를 내게 되었던 것이다. 우리 친구 중에, 직장 동료 중에 이런 식의 유머를 사용하는 사람들이 있다. 아니, 우리 자신이 이런 실수를 할 때가 있다. 유머를 사용하는 것은 좋은 일이지만, 적절치 않은 유머는 차라리 사용하지 않느니만 못할 수도 있다는 것을 우리는 한편으로 꼭 기억해야 할 것이다. 그래서 작가 임붕영은 『1% 리더만 아는 유머 대화법』에서, "상대를 깎아내리는 유머", "윗사람을 소재로 하는 유머", "성을 소재로 하는 유머", "부정적인 의도를 드러내기 위한 유머", "자신을 과시하는 유머" 등은 피하는 것이 좋다고 자신의 독자들에게 충고하고 있다.

　　가수 이용복 씨는 아름다운 목소리만큼이나 심금을 울리는 노래 솜씨로 기성세대들의 인기를 독차지하던 시절이 있었다. 그가 앞을 볼 수 없다는 것을 모르는 사람은 없을 것이다. 언젠가 이용복 씨가 텔레비전에 출현하여 인터뷰하는 장면이 나왔다. 그는 이 인터뷰에서 앞을 볼 수 없다는 동정을 한순간에 무너뜨리고, 자신감 있게 열정적으로 살아가고 있다는 것을 세상 사람들에게 재치 있게 알렸다. 그는 이렇게 말한 적이 있다.

　　"엊그제부터 골프를 치기 시작했어요. 여러분도 한 번 쳐보세요."

　　허를 찌르는 그의 유머가 빛을 발한 순간이었다.

　　어느 방송에서는 이렇게 인사를 하여 웃음을 안겨주었다.

"팬 여러분, 오랜만에 만나서 반가워요. 얼굴은 모두 그대로군요."

이 얼마나 돋보이는 유머감각인가. 그가 아름다운 목소리를 잃지 않고 행복한 웃음을 줄 수 있는 비결은, 다름 아닌 긍정적인 사고일 것이다. 이처럼 긍정적인 사고는 보통 사람이 볼 수 없는, 또 다른 세상을 보게 만드는 마력이 숨겨져 있다. 유머야말로 긍정적인 사고에서 그 씨앗이 돋아날 수 있다.

(임붕영 저, 『1% 리더만 아는 유머 대화법』에서)

전문가들은 우리가 유머 감각을 기르기 위해서는, 재미있는 유머는 반드시 메모하고 그것들을 모아 유머 파일을 만드는 습관을 가져 보라고 권한다.

14장

경청과 공감의 표현

■ 말을 끝까지 잘 들어야 하는 이유

어느 수영장에서 모델처럼 아름다운 아가씨가 수면 위로 얼굴만 내밀며 친구에게 큰 소리로 말했다.

"글쎄 말이야. 내 수영복을 잃어버렸지 뭐야!"

이 말이 떨어지기가 무섭게 휴식을 취하던 십여 명의 남자들이 물속으로 뛰어드는 등 한바탕 소동이 벌어졌다. 그런데 잠시 후 그녀는 친구에게 이렇게 말했다.

"그래서 동생 거 빌려 입고 왔어!"

(임붕영 저, 『1% 리더만 아는 유머 대화법』에서)

타인의 말을 경청하는 습관을 훈련하자. 다른 사람의 말을 잘 듣는 것은 우리의 인간관계를 순조롭게 만들어주기도 하고 아름답게 만들어주기도 한다. 그리고 우리들을 사회적 성공으로 이끌어 주기도 한다.

그러한 사실을 우리는 잘 알고 있다. '대화'에 대한 말에서, '토론'에 대한 말에서, '의사소통'이나 '커뮤니케이션'에 대한 말에서 우리는 '듣기'의 중요성에 대해 귀에 못이 박히도록 들어왔다. 그래서 다른 사람들의 말을 경청하는 자세를 갖는 것이 사회생활에서 중요하다는 사실을 모르지 않는다. 그렇지만 우리의 사회생활 속에서 경청을 실천하는 모습을 보여주는 사람들을 찾아보는 것은 그리 쉬운 일이 아니다. 우리 주변에서 '친구', '지인', '부모님', '남편', '아내', '선생님', '교수님', '사장님', '직장 상사', '어른', '선배', '고객', '담당자' 등의 명칭으로 존재하는 많은 사람들이 (나이와 성별, 학력 등에 상관없이) 자기가 하고 싶은 말만 일방적으로 하려 드는 동안 타인의 말에는 귀를 기울이지 않는다.

미국의 유명한 방송인 래리 킹(Larry King)은 자신의 저서 *How to Talk to Anyone, Anytime, Anywhere*에서, 사람들이 타인의 말을 경청하지 않는다는 사실에 대해서 Jim Bishop이 말했던 에피소드를 이렇게 전한다.

> 평소에 타인의 말을 잘 경청하지 않는 어떤 지인과의 전화통화였다.
> 타인의 말을 잘 듣지 않는 사람(poor listener)인 그 지인은 언제나처럼 짐 비숍에게 전화를 걸어서 버릇처럼 이렇게 말했다.
> "Jim, how are ya? (짐, 잘 지내죠?)"
> 그러자 짐은 이렇게 대답했다.
> "폐암에 걸렸소만. (I have lung cancer.)"
> 상대방은 버릇처럼 또 이렇게 자동적으로 말했다. "잘됐군요. 그런데, 짐······ (Wonderful. Say, Jim ...)"

　다른 사람들의 말에 귀를 기울이지 않으면서 자신의 말(주장)만 내세우는 나이 많은 사람들은 속된 말로 '꼰대'라고 불려왔다. 그들은 바람직한 의사소통을 저해하는 대표적이고 지배적인 사례들로서 간주되어 비판받아 왔다. 그런데 요즘 우리 사회에서 타인의 말에 귀를 기울이지 않는 것은 '꼰대'들에게서만 나타나는 특징이 아니다. 개인주의적 성향이 강하고 규율에 의한 훈련이 덜 되어 있는 젊은 세대들에서도 이러한 문제는 또 다른 양상으로 점점 심각하게 나타나고 있다는 우려가 있다. 단적인 예를 들어본다면, 초등학교나 중고등학교에서는 학생들이 자신들의 본분인 수업에 집중하지 못해서 정상적인 교육이 진행되지 못하는 사례가 빈번하게 보고되고 있다. 그리고 최고의 지성을 추구하는 대학에서도 이러한 현상은 그리 낯설지 않게 발견된다.

　완고한 어르신네나 아무 생각 없이 공부가 하기 싫은 학생들만 상대방의 말에 귀를 기울이지 않는 것이 아니다. 사회와 인생의 여러 문제들에 대해 관심이 있으면서 똑똑하다고 자부하는 젊은 지성인들에게서도 '경청'의 부족이 드러날 때가 있다. 신은경 아나운서는 『신은경의 차차차!』에서, 자신이 목격한 사례를 이렇게 적었다.

> 얼마 전, 대학생들을 모아서 토론 배틀을 벌이는 프로그램을 본 적이 있다. 참가자들은 저마다 자신이 가진 지식을 뽐내느라 여념이 없었다. 고대 철학자부터 현대의 사상가와 기업인들의 명언은 물론이고 문학과 과학 전문지식 등 엄청난 지식의 양을 선보였다. 그런데 참가자를 선발하는 심사위원들은 저마다 표정이 좋지 않았다. 이유는 바로 그들의 듣는 태도였다. 그들의 말이 귀에 들어오지 않을 뿐더러 자

신들의 말만 하고 다른 사람들의 말에 집중하지 않는 바람에 질문을 받았을 땐 꿀 먹은 벙어리처럼 있거나 더듬대기 일쑤였다. 똑똑한 머리는 가지고 있을지언정 열린 귀가 없어 낭패를 본 것이다.

우리 자신들은 어떨까? 우리의 인간관계와 사회 활동의 폭이 늘어날수록 우리는 경청하지 않는 사람들에 의해 의사전달에 어려움을 겪게 된다. 우리 자신은 경청하는 사람일까? 우리 자신들도 다른 사람의 의사전달에 어려움을 초래하는 존재는 아닐까?

임붕영의 책 『1% 리더만 아는 유머 대화법』에 나오는 다음의 물음들을 통하여 우리들의 경청 태도를 반성해 보자.

① 상대방이 말할 때 긍정의 신호를 보내는가.
② 이미 알고 있다며 상대의 말을 가로막은 적은 없는가.
③ 딴 짓하며 다른 데 관심을 보인 적은 없는가.
④ 상대방의 얼굴을 주시하지 않으며, 엉뚱한 곳을 바라보지는 않는가.
⑤ 요점을 이해하지도 않고 대화를 끝낸 적은 없는가.
⑥ 엉뚱한 질문으로 대화의 흐름을 깬 적은 없는가.
⑦ 별 것 아니라는 반응을 보이며, 배려하지 못한 적은 없는가.
⑧ 자신의 경험만으로 상대의 말을 받아들인 적은 없는가.

임붕영은, 경청 능력이 부족한 사람들은 ① 자기 말하는 데만 신경을 쓰며 ② 상대에 대한 배려가 없으며 ③ 말을 많이 해야 잘나 보인다고 착각하며 ④ 말을 많이 해야 주도권을 잡을 수 있다고 생각하며 ⑤ 콤플렉스에 잡혀 있거나 ⑥ 변명해야 할 거리를 많이 가지고 있거나 ⑦ 대인관계가 일방적이거나 ⑧ 스트레스에 억눌려 있거나 ⑨ 수용적이지 못하고 공격적인 사람들이라고 설명한다. 그의 말대로 어쩌면 우리는 단지 말하는 것이 즐겁다 보니 잠깐 동안 상대방에 대해서 신경을 덜 쓰게 된 정도가 아니라 "콤플렉스"나 "스트레스", "공격성" 등에 사로잡혀 있는 증세를 보이는 지경에 이르고 있는지도 모른다. 우리는 자주 자신의 '경청' 태도에 대하여 반성해 보면서, 자신이 혹시라도 어떤 정신적 병리 증상을 가지고 있다면 그것을 치료하도록 노력하고, 다른 한편으로는 바람직한 '경청'의 습관을 길러서 올바르고 쾌적한 의사소통을 이루어 낼 수 있도록 힘써야 할 것이다.

"우리는 우리에게 관심을 보여주는 사람에 대해서 관심을 갖는다.(We are interested in others when they are interested in us.)"라는 금언(金言)이 있다. 이것은 기원전 1세기 로마의 시인 푸블릴리우스 시루스(Publilius Syrus)가 한 말인데, 데일 카네기(Dale Carnegie)를 비롯한 많은 자기계발 서적의 저자들에 의해 인용되고 있다. 그들은 이 말로써, 주로 '경청'과 관련한 상대성 혹은 교환작용을 강조한다. 즉, 우리가 상대방의 이야기에 관심을 가지고 귀담아 들어야만 비로소 상대방도 우리의 이야기에 관심을 가지고 귀를 기울여 주게 되는 것이니 타인의 말을 먼저 잘 귀 기울여 들어야 한다는 것이다.

상대방으로 향하는 나의 관심과, 나에게로 향하는 상대방의 관심이 어떻게 자연스럽게 서로 전환되고, 교환되도록 할 수 있을까? 레일 라운즈는 『사람을 얻는 기술』이라는 책에서, 커다란 스포트라이트의 이미지를 우리들의 머릿속에 그려볼 것을 제안한다. 누군가를 만날 때는 그 사람과 나 자신 사이에 커다란 스포트라이트가 있다고 상상하라는 것이다. 그 스포트라이트는 회전을 할 수 있다. 그래서 내가 말을 할 때는 나에게 조명을 비추다가, 그 사람이 말을 할 때는 그 사람 쪽으로 회전해서 그 사람을 밝게 비추게 된다. 그 빛이 상대방을 한동안 충분히 비추다가 내가 말을 할 필요가 있을 때는 다시 천천히 나에게 돌아오도록 한다. 그리고 내가 하고 싶은 말을 하고 나면 그 스포트라이트가 다시 천천히 상대방에게로 돌아간다.

레일 라운즈가 제시하는 스포트라이트의 이미지는 우리가 주의를 타인에게 돌리면서 그 사람의 말을 경청하는 데에 도움이 될 것이다. 밝고 따뜻한 빛이 나와 상대방 사이에 있는 스포트라이트에서 쏟아진다고 생각해 보자. 내가 말을 하는 동안 그 빛이 나를 비추다가, 상대방이 말을 할 때는 그 사람을 밝고 따뜻하게 비춘다. 나는 나를 비추던 조명기가 적당한 속도로 회전해서 상대방을 비추는 동안 기다려 준다. 그러면 그 조명 속에서 상대방이 환하게 빛난다. 그동안 그 사람은 행복해 할 것이고, 자신에게 조명을 양보해 준 나에게 감사하며, 나를 각별하게 여기게 될 것이다……. 이러한 방식으로 상대방이 스포트라이트의 빛을 받도록 하면서 그의 말을 경청한다고 상상하면, 우리는 보다 자연스러운 경청의 타이밍을 찾는 데에나, 우리 경청의 의미와 가치를 발견하는 데에 도움을 받을 수 있게 될 것이다.

작가 조신영과 박현찬은 인간들 사이의 소통과 경청의 문제를 현악기 제작에 비유한 아름다운 이야기 책, 『마음을 얻는 지혜: 경청』을 썼다. 이 책 안에서 작가들은 "경청은 삶을 아름답고 행복하게 바꿔주는 것 같아"라고 말한다. 그들은 그러한 경청을 실천할 수 있도록 하기 위한 다섯 가지의 행동 가이드를 다음과 같이 제시하는데, 이 다섯 가지의 행동 가이드도 참고해 보도록 하자.

1) **공감을 준비하자** : 대화를 시작할 때는 먼저 나의 마음속에 있는 판단과 선입견, 충고하

고 싶은 생각들을 모두 다 비워내자. 그냥 들어주자. 사운드박스가 텅 비어 있듯, 텅 빈 마음을 준비하여 상대방과 나 사이에 아름다운 공명이 생기도록 준비하자.

2) **상대를 인정하자** : 상대방의 말과 행동에 잘 집중하여 상대방이 얼마나 소중한 존재인지를 인정하자. 상대를 완전한 인격체로 인정해야 진정한 마음의 소리가 들린다. 자녀든 부하 직원이든 상사든 한 인격체로 상대방을 인정하고 대화를 시작하자.

3) **말하기를 절제하자** : 말을 배우는 데는 2년 걸리지만, 침묵을 배우는 데는 60년이 걸린다고 한다. 누구나 듣기보다 말하기를 좋아하는 이유는 상대를 이해하기 전에 내가 먼저 이해 받고 싶은 욕구가 앞서기 때문이다. 이해 받으려면 내가 먼저 상대에게 귀 기울여야 한다. 먼저 이해하고 다음에 이해 받으라. 말하기를 절제하고, 먼저 상대에게 귀 기울여 주자.

4) **겸손하게 이해하자** : 겸손하면 들을 수 있고, 교만하면 들을 수 없다. 상대가 내 생각과 다른 말을 해도 들어줄 줄 아는 자세가 가장 중요하다. 경청의 대가는 상대의 감정에 겸손하게 공감하며 듣는 사람이다. 사람들이 원하는 것은 자기 말을 진정으로 들어주고 자기를 존중해주며 이해해주는 것이다. 항상 겸손한 자세로 상대를 이해하자

5) **온몸으로 응답하자** : 경청은 귀로만 하는 것이 아니다. 눈으로도 하고, 입으로도 하고, 손으로도 하는 것이다. 상대의 말에 귀 기울이고 있음을 계속 표현하라. 몸짓과 눈빛으로 반응을 보아라. 상대에게 진정으로 귀 기울이고 있다는 신호를 온몸으로 보내자.

작가 조신영과 박현찬이 말하듯, 경청은 결국 공감의 태도와 함께 이루어져야 한다. KBS의 저녁 아홉시 뉴스를 오랫동안 진행했던 신은경 아나운서가 쓴 책 『신은경의 차차차!』에 의하면, 공감이란, "다른 사람의 감정이나 생각을 자신의 것처럼 느끼는 역지사지의 마음"이다. 그리고 이것은 "사람의 마음을 여는 열쇠이며 상대와의 차이를 줄이고 공통점을 극대화하는 과정", "자기를 열어 상대의 마음으로 찾아가는 일"이라고 설명될 수도 있겠다. 이러한 '공감'과 함께 이루어지는 소통은 개별적인 사람들을 "우리"라는 동질적 존재로 만들어 준다.

미국의 방송인 오프라 윈프리(Oprah Winfrey)는 미국의 여론을 좌우할 정도로 영향력이 큰 인물인데, 그녀는 이러한 공감의 소통 능력이 탁월하기로 유명하다. 오프라는 자신의 토크쇼에 출연한 사람이 말하는 내용을 마치 자신의 일처럼 여기는 태도를 보여준다. 그런 태도 때문에 오프라의 방송에 출연하는 사람들은 그녀에게 마음을 열고 더욱 솔직하게 말을 하게 된다고 한다. 오프라 윈프리의 공감 능력과 그것이 이루어 낸 성과에 대해서 신은경 아나운서는

자신의 책에서 다음과 같이 말한다.

오프라 윈프리가 대중들의 사랑을 받은 것도 공감의 소통 덕분이었다. 그녀의 토크쇼에 출연한 한 여성은 자신이 성적으로 학대받은 이야기를 하다가 그만 슬픔에 복받쳐 제대로 말을 잇지 못했다. 그러자 오프라가 떨리는 목소리로 말했다.

"나도 그런 경험이 있어요."

모두가 웅성거리기 시작했다. 오프라 윈프리는 어렸을 적 자신의 성폭행 경험을 이야기했고 방청석은 울음바다가 되고 말았다. 그 프로그램을 시청하던 수많은 사람도 마찬가지였음은 말할 것도 없다. 그때부터 오프라 윈프리와 그녀의 토크쇼는 세계 최고의 프로그램이 됐다.

래리 킹은 배우이자 가수인 대니 케이 (Danny Kaye)가 자신의 방송에 출연하였을 때 보여주었던 모습에 대하여 이렇게 회고한다.

그가 내 라디오 프로그램에 출연했을 때의 이야기인데, 톨레도에 사는 어떤 여성이 전화를 해서 그에게 말했다.

"케이 씨하고 직접 말하게 되리라고는 평생 한 번도 생각해 본 적이 없어요. 그래서 물어 볼 말도 없네요. 그대신 무언가 말해주고 싶은 것이 하나 있어요. 제 아들이 케이 씨를 몹시 좋아했어요. 그 애는 케이 씨처럼 되고 싶었나 봐요. 항상 케이 씨 흉내를 냈지요. 그 애한테는 이 세상이 온통 케이 씨를 중심으로 이루어진다고 생각되었나 봅니다."

중요한 말은 그 다음에 나왔다.

"그런데 그 애는 열 아홉에 한국에서 전사했어요. 해군 병사로 참전했다가요. 해군에서는 죽기 전에 가지고 있던 유품 하나를 집으로 보냈는데, 그것이 바로 케이 씨의 사진이었어요. 그 애가 내무반에 남겨 놓은 것 중에서 사진은 그것뿐이었대요. 그래서 나는 그 사진을 액자에 넣어 보관하고 있답니다. 그 애의 사진이랑 같이요. 지난 30년 동안 그 두 장의 사진을 날마다 닦아왔어요. 케이 씨한테 이 이야기를 꼭 알려 주고 싶었어요."

그 동안 스튜디오에서는 데니 케이가 울고 있었다. 나도 그랬고 말하는 그녀도 그랬다. 그가 눈물을 삼키고 물었다.

"아드님이 좋아하던 노래가 있었나요?"

"예. 디나(Dena)를 가장 좋아했어요."

데니 케이는 그의 히트곡 중의 하나인 그 노래를 한국 전쟁에서 금성무공훈장을 받은 병사의 어머니에게 들려주었다. 악단도 없이, 피아노 반주도 없이 그냥 혼자 목소리만으로 울먹이면서 불렀다.

그것은 참으로 감동적인 순간이었다. 지금까지 방송을 해왔지만 그토록 깊은 인간적인 감동을 받은 적은 없었다. 그리고 그럴 수 있었던 까닭은 데니 케이의 열린 마음 때문이었다. 물론 이 경우에 그가 자신에 관하여 무엇을 토로한 것은 아니다. 대신에 그는 상대방의 느낌에 공감하고 그러한 자신의 감정을 그대로 보여주었다. 막상 이런 일이 일어났을 때, 자신의 감정을 다른 사람과 있는 그대로 공유할 수 있는 사람은 많지 않다.

(래리 킹 저, 『대화의 법칙』에서)

우리가 마음을 다해 상대방의 말에 귀를 기울여 준다면 그러한 진실된 태도가 저절로 상대방에게 전달될 것이라는 것을 우리는 안다. 그렇지만 우리의 진심이 조금 더 효율성을 갖도록 하기 위해서 참고할 수 있는 테크닉들도 있는데, 그러한 것들 중의 몇 가지를 알아보도록 하자.

우선, 레일 라운즈는 자신이 쓴 『사람을 얻는 기술』에서, 상대방의 말을 경청하면서 공감을 표현하는 방법으로서 "영리한 앵무새가 되라"라는 것을 추천한다. 레일 라운즈는 이 방법을 다음과 같은 식으로 실천한다.

내 친구 필은 이따금 공항에서 나를 픽업한다. 장기 출장에 지친 나는 차에 타자마자 정신없이 잠이 들고 필은 조용히 운전만 할 뿐이다. 그러던 어느 날 유난히 힘든 여행을 끝낸 나는 필의 차 트렁크에 짐을 대충 던져 넣고 앞좌석에 털썩, 몸을 던졌다. 막 잠에 들려 할 때 그는 무심코 내게 전날 뮤지컬 공연을 보러 갔었다고 말했다. 순간 나는 무거운 눈꺼풀을 번쩍 들어올렸다. 앵무새를 흉내 내는 기술을 시험해 볼 수 있는 좋은 기회라는 생각이 머릿속을 빠르게 스치고 지나갔기 때문이다.

나는 속으로 미소를 지으며 영리한 앵무새처럼 종알거렸다.

"뮤지컬?"

"그래, 정말 대단한 쇼였어."

과연 내가 필의 얘기에 관심을 갖자 그는 점점 신이 나는 듯했다. 하지만 나는 단지 그의 말을 반복했을 뿐이다. 나는 다시 앵무새가 되었다.

"그렇게 대단한 쇼였다고?"

"응, 스티븐 손하임의 신작 뮤지컬 〈스위니 토드〉였는데 관객들을 열광시키기에 손색이 없었지."

"와, 굉장했나보군. 〈스위니 토드〉라고?"

필은 완전히 흥분에 빠졌다.

"응, 음악도 대단하고 믿을 수 없을 정도로 기묘한 이야기였어."

"기묘한 이야기?"

나는 다시 앵무새처럼 흉내를 냈다. 30분에 걸쳐 필은 열렬한 어조로 사람들을 살해하는 런던의 이발사에 대한 쇼의 줄거리를 말해 주었다. 그의 이야기를 듣는 동안 나는 정말 잠이 쏟아졌다. 그래서 이야기 화제를 전환하고 싶었다. 물론 앵무새 흉내를 반복하면서 말이다.

"아까 음악이 대단하다고 그랬지?"

"그래, 정말 대단했어. 현장에서 오리지널 사운드 트랙 CD도 구입했다네."

"와우, OST CD까지? 정말 감동적이었나 보네."

"지금 갖고 있는데, 한 번 들어볼래?"

나는 필의 제안이 진정 고마웠다. 필은 운전을 하면서 CD를 틀었다. 사람들의 목을 자르는 괴기스럽고 기묘한 이야기의 배경음악인데도 불구하고, 노래들은 감미로웠다. 나는 안심하고 편안하게 잠들 수 있었다.

필은 내 집 앞에서 나를 내려주었다.

"레일, 피곤할 텐데 오늘 내 얘기를 잘 들어주어서 정말 고마워. 사실 뮤지컬 관람에서 얻은 감동을 누군가와 나누고 싶어 몸살이 날 지경이었거든. 그리고 알잖아. 내가 말주변도 없고 내성적인 성격이라 사람들과 쉽게 얘기하지 못한다는 거. 그런데 오늘 너는 내가 만난 최고의 파트너였어."

나는 그의 차가 모퉁이를 돌아 보이지 않을 때까지 손을 흔들어주었다. 나는 그저 앵무새처럼 필의 얘기를 반복한 것뿐이었다.

레일 라운즈가 말하는 "영리한 앵무새 되기"는 상대방의 말에 일종의 되묻기나 맞장구치기의 방식으로 동조를 표현하는 것이다. 레일 라운즈는 상대방의 말에 대하여 동조를 해줄 때는 적극적인 방식을 사용하는 것이 좋다고 조언한다. 그러니까, "응, 그래?" 정도의 말 한마디를 던지는 것으로 동조를 하는 것이 아니라, 완전한 문장을 사용해서 적극적으로 맞장구를 쳐주며 동조를 하면 좋다는 것이다. 가령 예를 들어서, "네가 그렇게 결정한 점을 정말 높이 평가한다."나 "그래! 그렇게 한 건 정말 영예로운 일이지."라는 식으로 맞장구를 쳐주면 내가 공감하는 것을 상대방이 더욱 잘 인식할 수 있다고 그녀는 말한다.

우리가 상대방을 대면하고 있을 때는 시선의 맞춤을 통해서 자신이 상대방의 말을 경청하고 있다는 것을 확실히 알려 줄 수 있다. 사실 우리의 문화에서 상대방의 눈을 빤히 쳐다보는 것은 서로 부담스러운 일이 될 수도 있는데, 그럴 때는 상대방의 얼굴에서 코를 바라보거나, 두 눈과 코가 이루는 삼각지대 사이의 어느 지점을 선택해서 보라고 조언하는 전문가들도 있다. 아무튼 다른 사람들에게 우리가 그들과 시선을 마주하고 있다는 인상을 대화중에 주는 것은 매우 중요하다. 그리고 상대방이 말을 할 때 우리가 미소를 지어줌으로써 우리가 경청하고 있다는 사실을 그 사람에게 더욱 확실히 알려줄 수 있다.

이렇게 상대방의 말을 경청하며 그 사람에게 온전히 주의를 기울여 주는 태도를 강조하기 위하여 신은경 아나운서는 "온몸으로 들어라."라고 말한다. 이러한 테크닉은 그녀 자신의 개인적 경험에서 체득된 것인데, 다음과 같은 경험을 통해서 그러한 교훈을 얻었다고 한다.

> 딸아이가 어렸을 때였다. 아이가 무슨 이야기를 하고 있고 나는 열심히 들어주고 있었다. 마침 급한 용무가 있어 종이에 메모하며 듣고 있는데 아이는 작은 손으로 내 뺨을 잡고 고개를 돌리게 하여 자기를 쳐다보도록 끌어당겼다. 나는 분명 열심히 듣고 있었고 대꾸도 잘하고 있었는데 싶었다. 그런데 나중 가만히 생각해 보니 아이에게 필요한 건 귀로 듣는 것뿐 아니라 눈빛으로 얼굴 전체로 자기 말을 들어주는 엄마의 다정한 얼굴이었던 것이다.

이런 깨달음을 가지게 된 이후 신은경 아나운서는 카메라가 자신의 모습을 잡고 있지 않을 때라 하더라도, 다른 곳으로 시선을 돌리거나 방송 대본을 검토하거나 하지 않고 말하는 출연자의 얼굴을 마주보며 그들의 말을 정성껏 듣는다고 한다. 그러면 출연자가 긴장하지 않고 말을 잘하게 된다고 한다. 신은경 아나운서는 그런 경험을 통해 비로소 자신이 "베테랑 아나운서"가 되었음을 느꼈다고 한다. 그녀가 처음 아나운서가 되었을 때, "아나운서가 되는 제1수칙"에 대한 선배 아나운서의 가르침은 "말을 가장 잘하는 사람은 남의 말을 잘 듣는 사람입니다"였던 것이다.

그런데 전화통화를 할 때처럼, 대면을 하지 않는 상황에서는 어떻게 효과적으로 우리가 상대방의 말을 경청하고 있다는 사실을 알려줄 수 있을까? 레일 라운즈는 "말로 하는 제스처"를 통해서 표현을 적극적으로 해 줄 것을 제안한다. 상대방에게 동조하는 말대답을 더욱 적극적이고 생생하게 해 줌으로써, 우리가 상대방의 말을 경청하고 있음을 그 사람이 잘 알 수 있도록 하라는 것이다. 이러한 테크닉을 레일 라운즈는 『사람을 얻는 기술』에서 다음과 같이 설명한다.

당신은 보여줄 수 없는 눈맞춤을 보상하기 위해 전화상으로 말을 하다가 "아, 예"라든가 "무슨 말인지 알겠어요"라고 말해야 한다. 이렇게 하면 상대는 당신이 알고 있다는 듯이 고개를 끄덕인다는 사실을 알고 "알았어요"라든가 "정말 대단한데요"라든가 "농담이겠죠"라든가 "흥미진진한데요"라든가 "좀 더 말해주세요"라고 말한다.

상대는 당신이 놀라는 모습을 보지 못한다. 따라서 "정말 놀라운데요!"라고 말하거나 "그렇게 말하지 않았잖아요!"라고 말하는 편이 좋다.

무엇인가 인상적인 말을 한 상대는 당신의 부러워하는 표정을 보지 못한다. 이럴 경우에는 "정말 뛰어나시네요!"라고 말하거나 "정말 대단하시네요!"라고 말하라.

물론 큰 소리로 웃어야 할 경우도 있다. "와우, 정말 재미있네요!"라고 말해 보라. 확실히 당신은 당신의 개성과 상황에 부합하는 문구를 선택할 것이다. 전화 상대가 당신의 감정을 듣도록 하라.

또한, 소통과 인간관계의 전문가답게 레일 라운즈는 웬만한 사람은 미처 갖추지 못했을 보다 세부적인 테크닉도 소개하는데, 그것은 상대방이 독특하게 의지하거나 활용하는 감각이 있으면 그 감각에 동조해 주라는 것이다. 어떤 사람들에게는 독특하게 민감한 감각이 있다. 우리 주변에는 냄새에 민감한 사람이 있는가 하면 소리에 민감한 사람도 있다. 어떤 사람은 보고, 듣고, 냄새 맡고, 맛보고, 만지는 오감(五感) 외에, 자신의 예감 같은 제 6의 감각, '육감'을 신뢰하는 경우도 있다. 이렇게 상대방이 신경 쓰는 감각에 대하여 동조하여 주는 것도 공감을 표현하는 좋은 방법이 된다고 한다.

레일 라운즈에 의하면, 가령 상대방이 "이 프로젝트에 힘입어 우리는 6개월 내에 뚜렷한 성장의 길을 '볼 수 있게' 될 것입니다"라고 말한다면, "그렇군요. 당신은 정말 명확한 '청사진'을 갖고 있군요."라고 말하면서 상대방과 마찬가지로 시각적 요소에 호소할 수 있다. 그리고 만약, 상대가 "이 프로젝트에서는 왠지 좋은 '소리'가 들립니다"라고 말한다면 "그렇군요. 회사가 무럭무럭 커가는 '소리'가 들립니다"라고 말해줄 수 있다. 또한, 상대가 "이 프로젝트는 잘 될 것이라는 '직감'이 드는군요"라고 말한다면 "그래요, 당신의 '느낌'은 지금껏 틀린 적 없잖아요"라고 말해주면 좋을 것이다. 그러면 상대방은 나를 자신과 같은 세계에 있는 사람으로 여기게 된다는 것이다.

어떤 사람들은 우리가 자신의 말을 제대로 듣고 있는지 그렇지 않은지 상관도 하지 않고 자기가 하고 싶은 말을 마구 떠드는 것 같아 보이기도 하지만, 대부분의 사람들은 상대방이 자신의 말에 집중하고 있는지에 대해서 매우 신경을 쓴다. 비록 겉으로는 그러한 내색을 하지 않지만 말이다. 그래서 우리가 상대방의 말을 경청하고 있다는 것을 확실히 알게 해주는 것은 그 사람과 좋은 관계를 형성하게 되는 의미 있는 일이다. 작은 규모의 사람들이 모여서 대화를 할 때도 그렇지만, 보다 큰 규모의 군중이 모인 자리에서 말하는 사람도 청중이 자신의 말에 얼마나 귀를 기울이고 있는지, 얼마나 호응을 하고 있는지를 유심히 살핀다. 듣는 입장에 있는 우리는 무리 속에 파묻혀서 저 앞에 있는 화자가 나를 볼 수 없을 것이라고 생각하지만 말이다. 그래서 우리가 그 사람의 말에 집중하며 귀 기울이고 있다는 것을 알려주는 것은 중요하다. 우리는 연사의 말에 귀를 기울이고 있지만 아무런 반응을 겉으로 하지 않기도 하고 아예 그 화자가 하는 말들을 흘려들으면서 딴 짓을 하기도 한다. 그렇지만 화자는 청중의 반응을 예민하게 감지하기 때문에 웬만하면 개개인의 반응은 그에게 읽히게 된다. 그래서 우리는 다른 많은 사람들과 섞여 있더라도 연사 혹은 화자의 말에 적극적으로 반응해 주면 좋다. 레일 라운즈는『사람을 얻는 기술』에서 이렇게 말한다.

> [전략] 연단에 선 사람은 청중이 받아들이는 자세가 조그맣게 보이는지 또는 크게 보이는지 알아보지 못할 것이라고 생각한다. 아니 절대 그렇지 않다! 비록 그가 인사를 하느라 고개를 숙이고 있는 가운데도 냉전 시대에 활약하던 스파이의 통찰력에 힘입어 그는 처음의 박수를 시작으로 마지막 말을 끝낸 다음에는 얼마나 길게 박수갈채를 받았는지, 그리고 얼마나 열정적인 박수갈채를 받았는지 정확하게 알고 있다.
>
> 박수를 치는 첫 번째 사람이 되는 것은, 환호를 지르는 첫 번째 사람이 되는 것은, 적절하다면 첫 번째로 '브라보!'라고 소리를 치는 것은 핵심인물이 당신을 자신과 똑같은 사람으로 보게 만드는 것이다.
>
> 청중이 아무리 적다하더라도, 말한 내용을 잘 모른다 하더라도 제일 먼저 박수를 쳐라. 모든 사람이 어떻게 반응하는가 살피면서 기다리지 마라. 서너 명밖에 되지 않는다 하더라도 연사의 아이디어를 첫 번째로 강조하는 사람이 되고, "뛰어난 아이디어"라고 첫 번째로 말하는 사람이 되라. 이는 당신이 본능적으로 그를 신뢰한다는 긍정적인 증거들이다.

우리나라 사람들은 이런 식으로 적극적인 표현을 하는 것이 아직 낯선 문화 속에서 살고 있다. 그래서 자신이 지나치게 "오바하는" 사람으로 보이거나 아부하는 사람으로 보일까봐 두려워서 아무런 반응을 하지 못하는 경우가 있다. 그러나 문화는 계속 변화하고 있고, 우리가 타인의 말에 적극적으로 호응과 공감을 표시하는 태도를 가지도록 스스로를 훈련한다면 우리는 다른 사람들보다 조금 더 앞서 가면서 이끌어 가는 입장에 서게 될 것이다.

나를 만나기 위해 많은 사람들이 먼 길을 찾아오는데 그들은 주로 만성피로증후군, 지나친 우울증, 스트레스, PTSD(외상후스트레스증후군), 섭식 장애 등의 증상을 나타내는 환자들이다.

내가 그들을 치료하는 방법은 생각보다 단순하다. 그것은 그들의 이야기를 진지하게 '들어주는 것'이다.

내가 발견한 커뮤니케이션 요소 중 가장 중요한 것은 바로 '듣는 것'이다. 듣는다는 것은 수동적인 과정이 아니다. 사람들이 말을 마치기를 그저 기다리기만 하는 것이 아니라는 것이다.

나의 경우에는 사람들의 말을 들으면서 그들의 질문과 그에 따르는 나의 의문점들을 노트에 적어 가며 그 사람에 대한 정보, 그들이 겪는 고통, 마음속 깊은 생각들, 그들의 증상에 대한 타인들의 반응 등을 많이 이끌어내려고 한다. 사실, 처음 만나는 환자와 두 시간의 면담시간을 갖는다면 그 중 내가 말하는 시간은 15분 정도에 불과하다. 그러나 이러한 시간은 생각보다 강력한 효과를 이끌어낸다.

내가 간단한 진단 외에는 별다른 치료를 하지 않았음에도 나를 찾아온 사람들이 탁월한 치료 효과가 있었다고 하는 이유는, 내가 그들의 말을 진심으로 듣기 때문이다. 그렇다! 그들은 그때까지 주위 사람들에게 자신들의 고통을 호소했지만 누구 하나 진심으로 그들의 이야기를 들어준 사람이 없었던 것이다.

(케빈 호건 저, 『파워풀 커뮤니케이션』에서)

15장

칭찬과 질문

운동회에 동행한 동급생의 두 어머니가 보고 있으니까, 입장행진 때, A 부인의 아이만이 발이 틀리고 있었다.

A 부인이 그것을 보고,

"저런, 부끄러워. 저 애가!"

그러자 B 부인은 부러운 듯이 말하는 것이었다.

"A 부인, 부러워요. 댁의 아들 이외에는 모두 보조가 틀리네요!"

(고려문학사 편집부 편, 『화술박사』에서)

칭찬이나 질문은 앞에 말한 '경청'이나 '공감의 표현'과 뚜렷한 경계를 나누기 힘들 경우가 많을 정도로 중첩되는 영역이다. 효과적인 의사소통을 위해서 우리는 상대방에게 적절한 방식으로 칭찬과 질문을 할 수 있다.

다른 사람과 대화하고 그 사람과 관계를 형성할 때, 상대방을 되도록 칭찬해 주자. 인간관계 및 의사소통, 대화와 관련해서 누구나 잘 아는 기법 중의 하나이기는 하지만, '칭찬'의 중요성은 아무리 강조해도 지나치지 않을 것이다. 홍성현의 『유머 잘하는 사람이 세상을 리드한다』에 의하면, 삼성그룹의 이건희 회장은 이렇게 말했다고 한다. "2급 조련사는 회초리로 말을 때려서 길들이고, 1급 조련사는 당근과 회초리를 함께 쓰고, 특급 조련사는 당근만 쓴다." 로버트 차알디니가 쓴 『설득의 심리학』에 의하면, 상대방에게 칭찬을 해 주면 심지어 그것이 '아부'인 줄을 그 사람이 안다고 할지라도 좋은 결과를 낸다는 학문적 연구 결과가 있다고 한다.

솔직한 말이 진실한 소통과 인간관계의 수립을 위해서 바람직한 경우도 있겠지만, 그것이 다 좋은 것은 아니다. 우리는 눈치 없이 내뱉는 말로 상대방을 불쾌하게 만들거나 상대방에게 상처를 주는 경우가 적지 않다. 신은경 아나운서는 이러한 경험을 전한다.

사람들은 오랜만에 만나면 반가운 마음에 첫 느낌을 불쑥 표현하고 만다. 얼굴이 좋아졌네, 얼굴이 안돼 보이네 하며 보자마자 생각나는 말을 곧이곧대로 꺼내버린다. 얼굴이 좋아졌다는 말처럼 듣기 좋은 말이야 무슨 문제가 있겠는가.

"살이 쪽 빠졌네, 요즘 어디 아파? 흰머리가 많이 늘었어. 염색 좀 해."

한껏 모양을 부리고 모임에 참석한 지인이 있었다. 그녀는 요즘 운동을 해서 살이 쪽 빠져 기분이 좋았다. 그런데 누군가 그녀를 보더니 그동안 어디 아팠냐고 하니 기분이 어땠을까.

자기는 남의 눈치를 보지 않고 당당하게 입바른 소리 잘한다고 자부심을 갖는 사람들이 우리 주변에는 없지 않다. 그런 사람들을 볼 때, 그들의 언행이 아름다워 보였는가? 나이를 먹을수록, 돈이 많을수록 쉽게 생기게 되는 그런 모습은 성숙한 것이거나 자랑할만한 것이 아니다. 적절한 '칭찬'이야말로 우리가 의사표현을 하는 데에 있어서 되도록 숙달되어져야 하며 꼭 갖추어서 많이 사용해야 할 수단일 것이다.

그 자신이 성공적인 보험설계사였던 송기용은 『누구나 현장에서 바로 쓰는 감성 세일즈 화법』에서 자신의 성공 비결 중의 하나를 '칭찬'으로 들고 있다. 칭찬이 상대방의 마음에 호소하는 효과를 잘 알기에 그는 보험을 판매하러 방문할 때마다 고객의 칭찬 거리 한두 가지를 꼭 찾아내서 이야기를 시작한다고 한다. 그는 자신이 구사했던 칭찬의 방법과 그것의 효과에 대하여 이렇게 설명한다.

한 번 했던 칭찬을 표현만 바꿔서 계속해도 좋은 칭찬 방법이고, 여러 가지 칭찬을 번갈아가면서 해도 좋다. 명심할 것은 칭찬하는 표정이나 말이 어색하거나 자신감이 없어 보이면 안 된다는 것이다. 만약 고객이 그런 표정이나 느낌을 알아챘다면, 고객은 영업을 위한 멘트로 생각하고 앞으로는 칭찬에 대해 마음의 문을 닫아버릴 것이다.

진짜로 칭찬받을 만하다는 말이 스스로 자연스럽게 느껴진다면 고객도 차츰 쑥스러움에서 벗어나 대화를 즐기게 된다. 결국 그 칭찬이 나중에는 당연한 자신의 모습으로 느껴지고, 칭찬해 준 사람에게는 계속 그 이미지로 남고 싶어한다.

따라서 칭찬을 들은 고객은 상대방에게 호감을 유지하고 자신이 좋은 사람이라는 인상을 계속 주고 싶어져서 보험을 구입하게 된다. 이처럼 칭찬은 우리의 의사를 상대방에게 확실히 전달하고 우리의 의사대로 상대방이 행동하도록 설득하는 데에 매우 유용하다.

로버트 차알디니의 『설득의 심리학』에서 소개된 어느 연구에 의하면 "매우 자비심이 많은 사람"이라고 칭찬받은 주부들은 그렇지 않은 주부들에 비해 자선 단체에 기부금을 훨씬 많이 내게 되었다고 한다. 타인들이 자기를 자비심 많은 사람으로 인식한다고 생각한 그들은 타인들이 갖는 자신의 이미지에 일치되게 행동해야 한다는 압박감을 느끼고 그에 따라 행동하였다는 것이다.

우리가 타인에 대해 자신의 이미지를 일관되게 유지하려 하게 되도록 심리적 압박을 받는 이러한 현상을 심리학에서는 '일관성의 법칙'이라고 부른다. 이러한 일관성의 법칙 때문에, 자신이 목표하고 있는 바를 다른 사람들에게 공공연하게 알리는 것은 우리에게 도움이 될 수 있다. 가령 술이나 담배를 끊는다거나 살을 뺀다던가 하는 목표를 우리가 가지고 있을 때 그 목표를 많은 사람들에게 알리고 약속하도록 하라는 조언은 바로 이러한 심리적 법칙에 근거한 것이다. 우리가 자신의 목표를 글로 적어 놓는 것은 목표를 실현시키는 데에 큰 힘이 된다고 이야기 하는 사람들이 많다. 자기계발 서적 같은 데에는 자신이 원하는 바를 글로 적어 두면 그것이 이루어진다고 말하는 내용들이 꼭 나온다. 이러한 방식은 '암웨이' 같은 회사에서도 적극 사용된다. 암웨이에서는 다음과 같이 말하며 영업사원들이 자신들의 목표를 문서로 정확하게 기록하게 만든다고 한다.

> 이제 당신이 영업을 시작하기 전에 해야 할 마지막 한 가지는 목표를 설정하고 그것을 종이에 적어 두는 것입니다. 당신의 목표가 무엇이든 그것을 명확히 설정하시고 그것을 종이에 정확히 적어 두십시오. 글로 남긴다는 것은 엄청난 마력을 갖고 있습니다. 당신이 설정한 목표를 달성하게 되면, 또 다른 목표를 설정하고 그것을 다시 적어 두십시오. 그리하면 당신의 앞길은 활짝 열릴 것입니다.

상대방을 칭찬할 때는 구체적으로 칭찬을 해주어야 한다. 『신은경의 차차차!』에 의하면, "일 잘하네"라고 말하는 것보다는 "꼼꼼하게 확인해서 오차가 없게 했으니 참 잘했다"라고 칭찬을 해주는 것이 더 낫다고 한다. 그리고 칭찬을 받는 대상이 말 안에 포함되는 것이 더 낫다고 한다. "스카프가 멋있네"라고 말해주기 보다는, "그 스카프 당신과 참 잘 어울려요"라고 말해주는 것이 더 낫다는 것이다. 마찬가지로, 단순히 "잘했어"나 "수고했어"라고 말하는 것보다는 "당신 덕분에 이번 계약이 잘 이루어졌어요" 혹은 "자네가 아니었으면 이번 사고는 수습하기가 어려웠을 거야"라는 식으로 말을 해주는 것이 좋다고 한다. 이 외에 '칭찬'과 관련된 것들 중 전문가들이 우리에게 특별히 강조하는 사항들 중 몇 가지를 더 알아보자.

우선, 어떤 사람을 부를 때에는, 그 사람이 불리어지기를 원하는 호칭으로 상대방을 불러 주는 것이 좋은 결과를 가져 올 수 있다. 신은경 아나운서에 의하면, 병원에서 환자들을 대상으로 조사해 보니, 환자들은 자기가 전성기 때에 불리던 호칭으로 불리어지게 되면 그때로 돌아가고 싶은 마음 때문에 회복하려는 의지가 강해진다고 한다. 우리 주변에는 "○○○ 씨!"라고 자신의 이름을 불리기보다는 "원장님"이라는 호칭으로 불리기를 더 좋아하는 사람이 있을 수 있다. 대학의 교원이었다가 은퇴한 어떤 사람은 그 어떤 호칭보다도 "교수님"이라고 불리기를 좋아할지도 모른다. 이렇게 되도록이면 상대방이 원하는 구체적인 호칭을 불러서 그 사람이 자부심을 갖는 것에 칭찬의 마음을 담아 불러 주면 우리는 상대방에게 더 강하고 좋은 인상을 남길 수 있다.

그리고, 내가 칭찬으로 하는 말이 타인을 불쾌하게 할 수도 있다는 것을 기억하자. 가령, 미국의 방송인 래리 킹에 의하면, "제가 아주 꼬마였을 때부터 당신 팬이었습니다"라고 말하거나, "아빠가 당신 플레이를 보여주기 위해 저를 데리고 다녔죠"라고 말을 한다면, 그것은 "당신은 늙었다"라고 말하는 것으로 받아들여질 수 있다. 레일 라운즈가 말하듯, 여성에게 "몸은 뚱뚱한데 어떻게 이렇게 춤을 잘 추세요?"라는 식으로 말한다면 그 여성은 결코 기뻐하지 않을 것이라는 것을 기억하자.

이민규의 저서 『끌리는 사람은 1%가 다르다』는 칭찬과 관련하여 우리가 참고하면 좋을 사항들을 많이 소개하고 있는데, 그 책에 의하면 칭찬은 평소에, 그리고 예상치 못한 상황에서 하는 것이 좋다고 한다. 이해관계가 빤히 보이는 상황에서 칭찬을 해서 그 저의를 의심받는 것보다 세련된 방식이라는 것이다. 그리고 소유물에 대한 칭찬보다는 태도나 재능에 대한 칭찬을 하는 것이 좋다고 한다. "옷이 참 멋지네요"라고 말하는 것보다는 "감각이 탁월하시군요"라고 칭찬하는 것이 더 낫다는 것이다. 또한, 칭찬을 잘 하고 나서 끝에 가서 듣기에 좋지 않은 말을 하는 것은 바람직하지 못하다. 예를 들어, "잘 했어. 그런데 중간의 그 부분은 어색하더라"라는 식이나 "너는 순발력은 좋은데 지구력은 약해"라는 식으로 말하지 말라는 것이다. 차라리 비판을 먼저 했다가 칭찬으로 마무리를 하는 것이 좋다고 한다.

다음의 인용문들을 읽어보고, 내 주변에 나의 격려로 도움을 받을 수 있는 사람이 있다면 그 사람이 누구일지를 생각해 보자. 그리고 내가 그 사람을 어떻게 격려할 수 있을지 생각해 보자.

> 나폴리에서 열 살 짜리 소년이 어느 공장에서 일하고 있었다. 그 아이는 성악가가 되고 싶었지만, 아이가 처음 만났던 선생님은 그 아이를 실망시켰다. "노래는 포기해. 너는 목소리를 타고나지 못했어. 네 목소리는 덧문에 바람이 스치는 소리 같아."
>
> 하지만 가난한 농사꾼 아낙네였던 아이의 어머니는 아들을 안아주면서 너는 성악가가 될 수 있을 것이라고 말해주고, 점점 발전하고 있다고 칭찬했다. 그리고는 맨발로 다니며 절약하여 아들의 음악 레슨비를 마련했다. 농사꾼 엄마의 칭찬과 격려는 그 아이의 인생을 바꾸어 놓았다. 여러분은 아마도 그 아이의 이름을 들어본 적이 있을 것이다. 그 아이의 이름은 카루소(Caruso)였다.
>
> (Dale Carnegie 저, *How to Win Friends and Influence People*에서)

> "어떤 교사도 저능아로 낙인찍힌 나에게 관심을 기울이지 않았다. 그러나 4학년 때, 대학을 갓 졸업하고 담임으로 부임하신 알렉사 선생님은 달랐다. 그녀는 생활기록부 내용을 무시했다. '넌 잘할 수 있다'고 말하면서 다른 선생님들보다 더 많은 것을 기대하고 요구했다. 나는 선생님을 기쁘게 해주고 싶었다. 선생님이 기대한 것 이상으로 피나는 노력을 해서 난생 처음으로 전 과목 A학점을 받았다.
>
> 중학교에 들어간 나는 IQ를 연구하는 심리학자가 되기로 결심했다. 그리고 예일대학교의 심리학 교수가 되었다. 초등학교 4학년 때 만약 다른 분이 담임으로 왔다면 나는 예일대학교 연구실을 차지한 교수가 아니라, 그 방을 청소하는 사람이 되었을지도 모른다."
>
> 이 사람은 오늘날 지능 분야에서 세계 최고의 학자로 인정받고 있는 로버트 스턴버그 박사다. 그가 쓴 책 『성공 지능』의 첫 장은 단 한 문장의 내용을 담고 있다.
> "내 인생의 방향을 바꾸어주신 알렉사 선생님께 이 책을 바친다."
>
> (이민규 저, 『끌리는 사람은 1%가 다르다』에서 재인용)

EBS제작팀과 김종명이 함께 만든 책 『설득의 비밀』에 의하면, "질문은 상대방의 생각과 마음을 여는 열쇠"이다. 상대방에게 질문을 하고 그 사람이 답변을 하도록 함으로써 우리는 대화가 계속 이어지게 할 수 있고, 상대방의 생각을 보다 정확하고 자세하게 이해할 수 있게 된다.

그리고 상대방에 대하여 좋은 질문을 던지는 것은 자신의 능력을 보여주는 일이 되기도 한다. 김준영의 책 『취업면접비법』에 의하면, 직장을 구하기 위해서 면접을 볼 때도 외국회사 같은 경우에는 지원자의 자기소개나 자기 성격의 장단점 같은 것들에 대한 답변에 큰 비중을 두기 보다는, 면접관이 "혹시 질문할 것이 있나요?"라고 물었을 때 지원자가 회사에 대하여 말하는 질문의 수준에 점수의 비중을 많이 둔다고 한다. 가령 예를 들어,

> 최근 들어 화학업체들이 첨단 신소재 개발에 박차를 가하고 있고 이곳 △△에서도 자동차 연료전지 신소재 개발에 집중투자를 하고 있는 것으로 알고 있습니다. 그렇다면 지금 우리 회사가 추진하는 자동차 연료전지 신소재 개발의 성공적 런칭을 위해서는 신입사원인 저희들이 3년 내에 어떤 부분에서 어떤 성과를 만들어 내길 기대하시는지 알고 싶습니다.

라는 식으로 "내가 조사한 산업현황 + 지원기업의 현황 + 그럼 저에게 무엇을 바라시나요?"의 형태로 질문을 할 수 있다면 당연히 상대방에게 강한 인상을 남기게 될 것이라는 것이다.

이렇듯 질문도 쉽게 그저 던지는 것이 아니라 훈련을 통하여 잘 준비되어야 할 필요가 있다. 임붕영의 『1% 리더만 아는 유머 대화법』에 의하면, 질문을 할 때는 되도록 ① 상대방의 관심 분야에 해당하는 것을 물어야 하며 ② 개인의 프라이버시를 침해하지 않는 범위에서 물어야 하며 ③ 대화의 흐름을 깨지 않는 시점을 택해야 하며 ④ 호감을 살 수 있는 질문을 해야 하며 ⑤ 상대가 쉽게 답하고 설명할 수 있는 질문을 하며 ⑥ 가능한 한 긍정적인 답변을 할 수 있는 질문을 하는 것이 좋다.

그런데 많은 전문가들은 우리가 질문을 할 때 상대방이 "예, 아니오"라고 대답하게 되는 질문은 대화를 이어나가는 데에 그리 도움이 되지 못하므로 되도록 피하는 것이 좋다고 조언한다. (그러나 굳이 그런 질문을 해야 한다면 긍정적인 대답인 "예"가 나오는 질문을 하면 좋다고 한다.) 예를 들어 보자. 미국의 방송인 래리 킹은 자신의 책 『대화의 법칙』에서, "날씨가 참 덥죠?"라는 식으로 묻지 말라고 충고한다. 그렇게 물으면, 상대방은 "네."라고 단 한 마디로 대답하게 되고 그것으로 대화의 흐름이 끊기게 될 수도 있기 때문이다. 따라서 이런 질문

보다는 "요즘 날씨가 참 더운데, 어떻게 지내고 계십니까?"라는 식으로 조금 더 긴 대답을 유도할 수 있는 질문을 해야 한다는 것이 래리 킹의 조언이다.

어떤 전문가들은 질문을 하는 방식에 있어서 "아날로그 방식을 지양하고 디지털 방식을 지향하라"라고 조언하기도 한다. 막연한 질문을 하지 말고 보다 구체적인 사항을 질문하라는 말을 멋드러지게 표현한 이러한 조언도 참고할만한 가치가 있다. 가령 작가 임붕영은, "언제까지 배달 가능한가요?"라고 묻기보다는 "오늘 저녁 8시까지 배달 가능한가요?"라고 묻는 것이 좋을 것이라고 주장한다. 또 마찬가지로 "요즘 물가가 많이 올랐나요?"라고 묻기보다는 "요즘 물가가 몇 퍼센트나 올랐나요?"라고 묻는 것이 좋다고 주장한다.

그리고 임붕영은 인간관계에서 "'왜'라는 질문을 지양하고 '어떻게'라는 질문을 지향하라"라는 조언도 한다. "왜 우리 집은 저축이 늘지 않는 거야?", "왜 우리 집은 휴가를 못가는 거지?" "왜 당신은 늘상 변화가 없어요?", "왜 보고서가 이렇게 늦는 거야?" "왜 성적이 오르지 않는 거야?"라고 질문하는 것은 책임을 타인에게 전가하는 방식이 된다. 이렇게 질문하기보다 "어떻게 하면 저축을 늘릴 수 있을까?" "어떻게 하면 휴가를 갈 수 있을까?" "어떻게 하면 당신이 변할 수 있을까?" "어떻게 하면 보고서를 빨리 만들 수 있는 거야?" "어떻게 하면 성적이 오를까?"라고 질문을 하면 문제를 함께 해결하려는 자세를 보이게 된다는 것이다. (임붕영 작가에 의하면, 직장인들의 경우 대개 "왜?"라고 질문을 하는 사람들은 관리자들인데 비해, CEO와 같은 리더들은 "어떻게?"라는 말로 질문을 던진다고 한다.)

앞에서 "예"나 "아니오"로 대답하게 되는 식의 '단답식' 질문은 되도록 피하는 것이 좋다는 이야기가 나왔었다. 좋은 대화를 위해 노력하는 파트너로서 우리가 상대방으로부터 그런 방식의 질문을 받게 된다면 어떻게 해야 할까? 레일 라운즈의 『사람을 얻는 기술』은 혹시 상대방이 단답형으로 질문을 던지면서 대화를 시도해 올 때라도 노련하게 대화가 계속 이어지도록 하기 위해 어떤 식으로 대답을 할 수 있는지를 알려준다.

> 나는 워싱턴 D.C. 출신이다. 따라서 화랑을 운영하는 사람이 내게 출신지역을 물어오면 나는 "파리를 설계한 도시계획가가 워싱턴 D.C.를 설계했습니다."라고 대답한다. 그러면 도시계획의 예술성, 파리라는 도시의 심미적 가치, 나아가 유럽 여행의 추억 등등 자연스럽게 대화의 물꼬가 터지고 점점 강물을 이루어 넓은 바다로까지 나간다.
> 젊은 선남선녀들의 사교 모임에서는 다르게 대답한다.

"워싱턴 D.C. 출신입니다. 제가 고향을 떠난 이유는 제가 성장할 때 인구비율이 남자 한 명 당 여자 7명인 탓에 멋진 남자를 만날 확률이 낮았기 때문이에요."

그러면 여기저기서 웃음이 터져 나오고 로맨틱한 상대가 어느 지역에 많은지, 추천할만한 데이트 코스라든지 사랑과 연애에 대한 입담으로 자리가 풍요로워진다.

연습 문제

1. 김창범과 선종욱이 공저한 『리더십 혁신: 코칭하라』에서는 대화에서 효과적으로 질문을 했나를 확인해 볼 수 있는 몇 가지 평가 기준들을 다음과 같이 제공하고 있다. 이 기준들을 사용하여 우리의 질문 방식에 대하여 반성해 보자.

> ① 의식적으로 질문만 하려고 하였다.
>
> ② 친구의 말을 들으면서 다음에 필요한 질문을 생각해 낼 수 있었다.
>
> ③ 충고나 조언 등 해답을 주는 행동보다 실제로 질문을 더 많이 하였다.
>
> ④ 친구의 이야기를 들으며 문제 해결과 미래 지향적인 질문을 하였다.
>
> ⑤ 질문이 어떤 유형에 속하는지 판단할 수 있다.
>
> ⑥ 친구의 감정을 자극하지 않고, 편안하게 해 주는 분위기에서 질문을 하였다.
>
> ⑦ 열린 질문을 하였다.
>
> ⑧ 친구는 나의 질문에 대하여 골똘하게 생각하고 대답하였다.
>
> ⑨ 나의 질문에 친구의 마음이 열렸다.
>
> ⑩ 친구는 나의 질문에 부담스럽기는 했지만 유익한 시간이었다고 생각할 것이다.

2. 이상의 기준들을 자기가 얼마나 잘 실천했는지 스스로 점수를 매겨보자. 위의 항목들 중에서 내가 가장 잘한 것은 무엇일까를 생각해 보자. 그리고 가장 부족한 것은 무엇일까를 생각해 보자. 생각한 내용에 대해서 주변의 동료들과 함께 토론해 보자.

16장

일본어 투 말의 순화

20세기 초 35년간의 일제강점기는 정치, 경제, 사회, 문화 등에 걸쳐서, 그리고 의식과 무의식의 영역에 걸쳐서, 21세기의 우리에게까지 작용하는 악영향들을 많이 남겼다. 그 악영향들을 극복하는 것은 아직도 우리에게 과제로 남아 있다. 의사전달 혹은 의사소통과 관련된 기초적 훈련들을 제안하는 이 책에서는 우리말에 아직 남아 있는 일본말 혹은 일본말 투의 표현들에 대해서도 반성해보도록 하자.

국립국어원에서 573돌 한글날을 하루 앞둔 2019년 10월 8일에 「이제부터는 '분빠이'하지 말고 '각자내기'합시다! – 국립국어원, '꼭 가려 써야 할 일본어 투 용어 50개' 발표」라는 제목으로 보도 자료를 배포했다. 이 보도 자료에 나와 있는 "꼭 가려 써야 할 일본어 투 용어 50개 목록"을 그대로 인용하여 일본말 잔재들에 대하여 살펴보도록 하자.

	일본어 투 용어	권장 표현	일본어 투 용어	권장 표현
일본식 한자어 (20개)	망년회	송년회	거래선	거래처
	견습	수습	종지부	마침표
	모포	담요	대절	전세
	고수부지	둔치	도합	합계
	구좌	계좌	보합세	주춤세
	노견	갓길	불입	납입
	가불	선지급	고참	선임
	가처분	임시 처분	다반사	예삿일
	마대	포대/자루	수취인	받는 이
	익일	다음 날	잔고	잔액

	모찌	찹쌀떡	쓰키다시	곁들이찬
	유도리	융통성	아나고	붕장어
	나가리	무산	가라	가짜
	나와바리	구역	간지나다	멋지다
	단도리	단속/채비	무데뽀	막무가내
	땡땡이	물방울	이빠이	많이/가득
일본어	만땅	가득 (차다/채우다)	곤조	고집/근성
음차어	쇼부	결판	기스	흠/흠집
(30개)	와사비	고추냉이	분빠이하다	나누다/각자내기하다
	찌라시	전단지/광고지	사시미	생선회
	가오	체면/무게	와꾸	틀
	쿠사리	핀잔	지리	맑은탕
	노가다	막노동/막일	뽀록나다	들통나다
	대빵	대장	비까번쩍하다	번쩍번쩍하다
	나시	민소매	삑사리	실수/음이탈/헛발질

* 표에는 통용되는 표기를 제시하였으므로, 외래어 표기법에 맞지 않는 표기가 있을 수 있음.

물론 이상의 것들 외에도 너무나도 많은 일본어 투의 말들을 우리 생활 속에서 발견할 수 있다. 우리 역사의 어떤 슬픈 측면 때문에, 근현대 문명의 많은 요소들이 일본어로 소개되어져서 우리의 생활 속에 이식되어졌으므로, 아직도 일본말들, 일본식 말들이 많이 사용되고 있다. 그리고 일본어 투를 사용하면 거칠고 만만치 않은 사람이라는 인상을 주거나 어떤 분야에서 노련하고 닳고 닳은 사람이라는 인상을 주는 경향이 있기 때문에, 우리 사회의 일각에서는 아직도 일본어 투가 과시적으로든 재미로든 종종 사용되곤 한다.

어떤 일본어 투의 말은 사라지는 듯하다가도 쓸데없이 다시 조명을 받게 되기도 한다. 예를 들어 '간지(感じ, かんじ)'라는 말은 원래 많이 떠돌아다니지 않는 말이었으나 한때 인터넷이나 유선채널 방송의 프로그램들에서 젊은 세대들을 중심으로 유행했다. 그리고 류승완 감독이 연출한 영화 〈베테랑〉(2014)에서 배우 황정민이 말한 "야, 우리가 돈이 없지 가오(かお, 顔)가 없어?"라는 대사에 나오는 "가오"는, 2019년에 조국 법무부장관을 둘러싸고 일었던 정치적·사회적 논란의 여파로 동양대학교의 교수직을 버리면서 미학자 진중권이 다시 입에 올리자, 세간의 주목을 받기도 했다.

올바르고 효과적인 언어생활을 지향하는 우리는 계속 노력해서 생활 속의 일본말들, 일본어투들을 뿌리 뽑도록 해야 할 것이다. 너무나도 많은 예들이 있지만, 박경희 아나운서의 책 『최고의 아나운싱』에 언급되고 있는 일본어 투의 표현들에 다시 한 번 우리의 시선을 던져 보면서 이번 장을 마치도록 하자. 박경희 아나운서에 의하면 다음의 표현들은 아직 방송에도 자주 나타나고 있는 것들이다.

자동차 타이어가 빵구났다 → 펑크

무대뽀 정신으로 무장하고 → 막무가내

저의 18번은 소양강처녀예요 → 애창곡

가라 영수증 → 가짜

곤조 부리고 있네 → 근성

자동차 접촉 사고로 새 차에 기스 났어 → 흠집

애가 장난감 사 달라고 뗑깡 부려서 혼났어 → 떼써서

담배 한 보루 → 포

쓰메끼리 → 손톱깎이

17장

성평등 의식에 기반을 둔 언어

매우 역동적으로 빠르게 변화하는 우리 사회는 언어생활에서도 그만큼의 변화를 초래하곤 한다. 그리고 어떤 변화들은 개인에 따라서는 적응하기 벅차다는 느낌을 가질 정도가 되기도 한다. 특히 성평등 의식에 기반을 두고 새롭게 대두되는 언어 표현들에 대해서 우리는 이제 조금 더 특별한 관심을 가지고 학습을 해야 할 필요성을 느끼는 바가 있을 것이다. 이번 장을 통해서는 성평등 의식에 기반을 둔 언어 표현에 대하여 생각해 보는 시간을 갖도록 하자.

그리 멀지 않은 과거의 어떤 일을 돌이켜 보자. 2017년에 국방부장관은 판문점 공동경비 구역(JSA)을 방문하고 식당에서 병사들과 만났을 때 다음과 같은 발언을 했다. 2017년 11월 27일 JTBC의 어느 뉴스 프로그램에서 방송된 내용에서 그의 발언을 재인용해 보도록 하겠다.

> 원래 식사 자리에서 길게 얘기하면은 재미가 없는 건데… 식사 전에 얘기와 미니스커트는 짧으면 짧을수록 좋다 하죠? 아, 내가 오늘 여기 온 이유는 언론에서 많이 떠들고 세계적인 뉴스거리가 됐던 JSA 상황에 너무 여러분들이 잘 대처했고 또 한·미 양국의 군인들이 너무나 잘 협조된 작전을 하고 성공했다 하는 데 대해서 국민 여러분들께서 여러분들을 직접 보고 격려를 많이 하라, 하고 말씀하셔서 왔습니다. 여러분, 그동안 참 잘했습니다. 파이팅! ("JSA 찾은 송영무 국방장관, '미니스커트' 발언 논란", http://news.jtbc.joins.com/article/article.aspx?news_id=NB11555096)

"여성의 존엄 · 인격 무시 발언…대외적으로도 수치"
"성인지력 향상 교육도 제대로 이수 안한 사람…공식 사과해야"

송영무 국방부 장관의 '미니스커트' 발언과 관련해, 여성단체들이 대외적인 상황에서 장관이 '저급한 젠더의식'을 드러냈다며 강력 규탄했다.

한국여성단체연합 등 여성단체들은 29일 오후 "한 나라의 국방장관이라는 사람의 발언은 여성의 존엄과 인격을 철저하게 무시하는 처사이고 대외적으로도 수치스러운 일"이라며 목소리를 높였다.

이들 단체는 "국방장관이 공인으로서 품위를 지켜야 할 의무가 있음에도 사석에서나 할 법한 수준의 낮은 표현을 공식석상에서 사용했다"며 "단순한 말실수가 아닌 본인의 평소 성의식과 여성에 대한 편견을 그대로 노출한 것"이라고 지적했다.

이어 "송 장관은 지난 7월13일 취임 이후 양성평등법 등 4개의 법률에 의거해 국방부에서 연 4회 분기별로 진행되는 성인지력 향상을 위한 교육도 제대로 이수하지 않았다"고 밝혔다.

또한 "정부는 최근 고위공직자 원천배제 7대 원칙 중 하나로 성범죄를 추가한 바 있지만 정무직은 처벌조항을 따로 두지 않았다. 이에 따라 이번과 같은 성희롱 발언과 유사한 사태가 재발될 가능성을 배제할 수 없다"고 주장했다.

그러면서 "송 장관은 국민들 앞에 공식적으로 사과하고, 정부는 남성 공직자들의 뿌리 깊은 성차별의식 표출 방지를 위해 정무직을 포함한 전 공무원을 대상으로 한 처벌조항을 둔 성인지력 향상 교육을 철저히 시행해야 할 것"이라고 촉구했다.

(2017년 11월 29일자 문화저널 21의 기사 "여성단체, 송영무 미니스커트 발언 규탄… '저급한 젠더의식' : 여성의 존엄 · 인격 무시 발언…대외적으로도 수치", http://www.mhj21.com/110627)

이 발언 내용 중에서 "원래 식사 자리에서 얘기하면 재미가 없는 건데 식사 전 얘기와 미니스커트는 짧으면 짧을수록 좋다고 한다"는 내용은 적절하지 않은 발언이라는 비판을 받았다. 그래서 장관은 "제이에스에이(JSA) 작전지역 방문 후 제이에스에이 대대 장병식당에 예정시간보다 늦게 도착하여 대기 중인 병사들에 대한 미안한 마음에서 식전 연설을 짧게 하겠다는 취지의 일부 발언과 관련하여, 본의와 다르게 부적절한 표현이 있었던 점에 대해 대단히 죄송스럽게 생각한다"고 해명 및 사과를 해야 했다.

사실, 국방부장관의 이러한 말은 화술 관련서적들 같은 데에서 발견할 수 있는 말이다. 일례로, 전성일의 『화술의 힘』 같은 책에서도 "탁상연설과 여자의 치마는 짧을수록 좋다"라는 말을 서양의 속담으로 이해하고 있다. '구글'에 인터넷 검색을 해 보면 이 말은, 영국의 유명한 정치가 처칠이 했던 말이라고 알려져 있기도 하다. 처칠은 "A good speech should be like a woman's skirt; long enough to cover the subject and short enough to create interest.(좋은 연설이란 여자의 치마 같아야 합니다. 몸통을 충분히 다 덮을 수 있을 만큼은 길어야 하고, 흥미를 유발할 수 있을 만큼은 충분히 짧아야 하죠.)"라고 말했다고 하는데, 이 말이 조금 변형되어 알려진 것 같기도 하다. 이런 사실들을 참고해 본다면 국방부장관에 의한 문제의 발언은 그가 우둔하거나 무식하기 때문이 아니라 오히려 독서량이나 교양이 많은 사람이었기 때문에 발생한 것일 수 있다는 것을 추측하게 된다. 이제 나이 지긋해져 있고, 평생을 가장 남성 중심의 사고방식이 팽배해 있는 집단인 군에서 생활한 그로서는 우리 사회의 성평등 의식 변화의 양상에 제대로 발맞추기가 쉽지 않았을 것이다. 이러한 문제는 비단 과거의 어느 국방부장관에만 해당되는 것이 아니다. 아직 많은 사람들이 변화 및 제고되고 있는 성평등 의식에 대하여 인식이 부족한 모습을 보이고 있는 실정이다.

2019년 2월 1일에 서울시여성가족재단은 설 명절을 맞이해서 그동안 당연하게 받아들여져 왔던 성차별적 언어표현들을 바꾸자는 "'외가→어머니 본가', '집사람→배우자' 올 설엔 성차별 언어 바꿔요"라는 제목의 보도 자료를 발표했다. 그 안에 나타난 내용들을 통해서 새로이 떠오르고 있는 성평등적 언어표현들에 접근해 보도록 하자.

우선 서울시여성가족재단의 보도 자료는 "명절에 흔히 겪는 성차별 언어 7건"을 선정하고 그것들을 대체하는 표현들을 제시했다. 관련 내용을 다음에 직접 인용해 보도록 하겠다.

> 명절에 흔히 겪는 성차별 언어 7건은 가족을 부를 때나 다른 사람에 소개할 때 주로 쓰이는 단어들이다. 지난해 시민이 직접 제안했던 성차별 언어 중 가족 호칭 등 관련 총 522건을 별도로 모아 국어·여성계 전문가 자문을 통해 선정했다. 사회적 영향력이 높아 우선 공유·확산해야 할 대표적인 단어들이다.
>
> • 집사람·안사람·바깥사람 → 배우자 : 남성 쪽은 집 밖에서 일하고, 여성 쪽은 집 안에서 일한다는 인식에서 비롯된 집사람·안사람·바깥사람이라는 말을 지양하고 '배우자'로 부르자는 주장이다.
> • 외조·내조 → 배우자의 지원, 도움 : 남편의 도움을 외조로, 아내의 도움을 내조로 표현하는 것을 배우자의 지원, 도움 등으로 고쳐 부르자는 의견이다.
> • 친가·외가 → 아버지 본가·어머니 본가 : 친할 친(親), 바깥 외(外) 자를 써 구분하는 것을 아버지 본가, 어머니 본가로 풀어 쓰자는 요구다.

- 장인·장모·시아버지·시어머니 → 어머님·아버님 : 장인, 장모, 시아버지, 시어머니 등 처가와 시가를 구분하는 호칭을 '어머님, 아버님'으로 통일하자는 제안이다.
- 주부 → 살림꾼 : 한 가정의 살림살이를 맡아 꾸려 가는 안주인, 여성을 지칭해 쓰이는 '주부'라는 말을 '살림꾼'으로 바꾸고 남성과 여성 모두 쓸 수 있게 하자는 주장이다.
- 미망인 → 故○○○의 배우자 : 남편과 함께 죽어야 할 것을 아직 죽지 못하고 있는 사람이라는 '미망인'을 쓰지 말고 사망한 남편의 이름 등을 사용해 故○○○의 배우자로 풀어쓰기를 권장한다.
- 미혼모 → 비혼모 : '미혼모'라는 단어는 결혼을 하지 않은 상태에서 주체적으로 아이를 키우는 아닐 비(非)자를 써 '비혼모'로 순화가 필요하다.

그리고 서울시여성가족재단의 보도 자료는 성차별적인 속담 및 관용표현들에 대해서도 순위를 매겨 예시했는데, 그것들은 다음과 같다. 해당 보도 자료에서 직접 인용해 보도록 하겠다.

Top1	암탉이 울면 집안이 망한다	가정에서 여성이 집안 일을 좌지우지하면 안 된다는 말을 비유적으로 이르는 말.
Top2	남자는 돈, 여자는 얼굴	남성은 재력을 갖춰야 가족을 먹여살리고 여성은 보조적인 존재로 예쁘게 최고라는 가부장제적 편견을 담은 말.
Top3	남자는 일생에서 세 번만 울어야 한다	태어날 때, 부모님을 보냈을 때, 나라를 잃었을 때 정도로 큰 일이 있어야 남성은 눈물을 보일 수 있다는 '강한 남성' 이미지를 고착화하는 말.
Top4	사내대장부가 부엌에 들어가면 ○○가 떨어진다	남성이 주방일을 하면 안 된다는 것을 강조하기 위해 하는 말.
Top5	미운 며느리 제삿날 병난다	미운 사람이 미운짓만 골라한다는 뜻으로 제사 준비는 며느리가 해야 한다는 말.
Top6	사위는 백년지객(백년손님)	사위는 언제나 깍듯하게 대해야 하는 어려운 손님이라는 뜻으로 쓰는 말.
Top7	여자 팔자는 뒤웅박 팔자다.	입구가 좁은 뒤웅박 속에 갇힌 팔자 또는 뒤웅박에 달린 끈에 매어있는 등 다양한 뜻으로 남편을 잘 못 만나 신세를 망치면 헤어나오기 어렵다는 말.

서울시여성가족재단의 보도 자료에서 지적하고 있는 이러한 표현들은 긴 세월 동안 우리들에게 너무나도 "내면화"되어 있고, 그래서 미처 차별을 체감하지 못하기가 쉬운 것들이기도 하다. 따라서 이러한 표현들에 대한 문제의식에 대하여 매우 공감하는 사람들이 있는가하면 반감을 표시하는 사람들도 있다.

성평등 의식은 우리 사회에서 점점 확산되고 있으며 강화되고 있는 추세다. 되도록이면 사회의 변화에 뒤처지지 않기를 원하고 할 수 있는 한 사회의 변화와 진보를 선도해 나가고자 하는 우리는, 새로운 인식에 따라 변화하고 있는 우리 시대의 언어에 대해 관심을 가지면서 잘 대처해 나가도록 노력하자.

서울시여성가족재단에서 낸 보도자료는 앞에 소개된 예들 말고도 시민들이 제안한 다른 성평등 언어 표현 형태들에 대해서도 언급하고 있다. 그것들 중의 일부를 직접 인용해 보도록 하겠다. 이러한 내용들도 사회 일각에서 고려되고 있다는 점을 이해하면서 우리들의 언어생활이 나아갈 방향을 개척하는 일에 참고하도록 하자.

	성차별 언어 (바꾸고 싶은 말)	시민 제안 이유	성평등 언어 (쓰고 싶은 말)
①	여○○ – 직업 등 앞에 '여'를 붙이는 것 예 여직원, 여교수, 여의사, 여비서, 여군, 여경 등	"나는 여씨가 아닙니다!" ➡	– 직업 등 앞에 붙이는 '여'를 빼기 예 직원, 교수, 의사, 비서, 군인, 경찰 등등
②	여자고등학교 –(뜻)여자에게 고등학교의 교과과정을 실시하는 학교	"남자고등학교는 없는데 왜 여자고등학교만 있나요?" (국어사전에도 여자고등학교만 등재) ➡	고등학교 – 여자고등학교를 남자고등학교처럼 '여자'를 빼고 고등학교로 명칭하기
③	처녀○○ – 일이나 행동 등을 처음으로 한다는 의미로 앞에 '처녀'를 붙이는 것 예 처녀작, 처녀출판, 처녀출전, 처녀비행, 처녀등반, 처녀항해 등	"처녀작을 총각은 못 만드나요?" ➡	첫○○ – 행동 등에 붙이는 '처녀'를 '첫'으로 사용 예 첫 작품, 첫 출판, 첫 출전, 첫 비행, 첫 등반, 첫 항해 등
④	유모차(乳母車) –(뜻)어린아이를 태워서 밀고 다니는 수레	"아빠는 유모차를 끌수 없나요?" ➡	유아차(乳兒車) – 유아를 중심으로 표현하는 '유아차'로 사용

⑤	그녀(女) –(뜻)주로 글에서, 앞에서 이미 이야기한 여자를 가리키는 삼인칭 대명사. 그(우리말)+녀(한자어) 결합	"그남이라는 말은 없어요" * 영어 she를 번역한 일본어 피녀(彼女)가 어원. 남성을 중심에 두고 여성을 지칭	그 – 여성을 대명사로 지칭할 때 '그' 사용 – 상황과 문맥에 따라 '그 여자' 등 사용
⑥	저출산(低出産) –(뜻)(여성이)아기를 적게 낳는 것	인구문제의 책임이 여성에게 있는 것으로 오인될 소지	저출생(低出生) –'저출산 문제' 등을 표현할 때 아기가 적게 태어난다는 의미의 '저출생' 사용
⑦	미혼(未婚) –(뜻)아직 결혼하지 않음. 또는 그런 사람	"결혼을 못한 게 아니라 안한 것입니다"	비혼(非婚) – 결혼을 하지 않은 상태라는 의미가 명확하게 나타나도록 '비혼' 사용
⑧	자궁(子宮) –(뜻)여성의 정관의 일부가 발달하여 된 것으로 태아가 착상하여 자라는 기관	"자궁은 남자 아이를 품는 집만이 아닙니다."	포궁(胞宮) – 특정 성별이 아니라 세포를 품은 집이라는 뜻의 '포궁' 사용
⑨	몰래카메라 –(뜻)촬영을 당하는 사람이 촬영을 당한다는 사실을 모르는 상태로 촬영하는 카메라. 또는 그런 방식.	"몰래하는 장난이 아니라 카메라를 이용한 성범죄입니다"	불법촬영 – 가볍게 생각할 수 있는 '몰래카메라' 대신 범죄임이 명확한 '불법촬영'으로 사용
⑩	리벤지 포르노(revenge porno) –(뜻) 헤어진 연인에게 보복하기 위해 유포하는 성적인 사진이나 영상 콘텐츠	"가해자 입장의 용어입니다." "포르노가 아닙니다."	디지털 성범죄 – 포르노 유통이 아니라 범죄임을 명확히 드러내는 용어 사용

연습 문제

위에 소개된 보도 자료의 전문을 인터넷에서 찾아 읽어 보고, 보도 자료의 내용에 대해 동료들과 토론해 보도록 하자. 그 안에는 내가 동의하거나, 동의하지 않는 내용이 있는가? 내가 새롭게 제안해 보고 싶은 성평등적 언어 표현이 있는가?

18장

내 말의 주인이 되기 위하여

임붕영이 자신의 저서 『1% 리더만 아는 유머 대화법』에서 소개하듯이, "당신의 입속에 들어 있는 말은 당신의 노예이지만 입 밖에 나오면 말은 당신의 주인이 된다"라는 말이 있다. 우리는 바람직하게 우리의 말을 통제해서 우리 말의 노예가 아니라 주인이 되기를 원한다. 그렇게 되기 위해서 우리는 한편으로는 말조심을 하면서, 다른 한편으로는 효과적이고 지혜롭게 다른 사람들에게 의사전달을 해야 한다.

말조심과 관련하여서는 이른바 '뒷담화', 타인이 없는 데에서 그에 대해 좋지 않은 말을 하는 행위를 하지 말아야 할 것이다. '뒷담화'는 의외로 잘 퍼져서, 내가 다른 사람에 대하여 좋지 않게 이야기한 사실이나 내용, 다른 사람이 나에 대하여 좋지 않게 이야기한 사실이나 내용이 당사자들에게 전달되는 경우가 적지 않다. 전성일이 『화술의 힘』에서 말하듯, 위대한 발명가 에디슨은 그 자리에 없는 사람에 대해서는 농담을 하지 말라고 했다고 한다. 그런 행동은 내가 자리를 비우면 나에 대해서도 그렇게 하겠지라는 생각이 들도록 할 것이기 때문이라는 것이다. 우리의 인간관계에서는 이런 일이 실제로 생긴다. 누가 잠시 자리만 비웠다 하면 자리에 없는 그 사람에 대한 흉을 보거나 험담을 하기 때문에 여배우 누구 누구 등과 자리를 함께하는 모임에서는 사람들이 화장실을 가지 못한다는 식의 가십 같은 것이 우리 사회 일각에는 실제로 있다. 말은 우리의 인격을 반영한다. 말은 우리의 인격을 형상화하는 것이다. 그러니 부주의하거나 배려심 없이 함부로 말하는 습관이 생기지 않게 조심하도록 하자.

효과적인 의사전달과 관련하여 방송인 래리 킹은 자신의 저서 『대화의 법칙』에서 공적인 말을 할 때는 "준비 없이 발언하지 말라"라는 조언을 한다. 준비가 불충분한 상태에서 횡설수설하지 말고 꼭 미리 요점을 정리하여 준비가 된 상태에서 말을 하라는 것이다. 그는 취업을 위한 회사의 면접을 예로 든다. 래리 킹은 면접을 보기 전에 준비를 하라고 당부한다.

준비가 필요하다는 것은 우리 모두 알지만 정말 제대로, 실제적인 준비를 하게 되는 경우는 그리 흔하지 않다. 래리 킹은 자신에 대해 어떤 점을 말할 것인지 그 요점을 정리한 다음 면접 전에 여러 번 훑어보고 미리 준비를 한 후에 들어갈 것을 권한다. 가령, 나의 이력 중에 미국 유학의 경험이 있다면, 면접관은 나에게 영어로 자기소개를 해보라는 요구 같은 것을 하거나, 회사에 대해서 혹은 그 회사의 대표 제품에 대해서 영어로 설명 해보기가 쉽다는 것을 누구나 안다. 그러나 미리 영어대본을 준비하고 그것을 외우고 말하는 연습을 충분히 해가는 식으로 준비를 미리 해가는 경우는 의외로 흔하지 않다. 또 직장을 바꾼 이력이 있으면 그 이유에 대한 질문이 나오기가 쉽다는 것을 누구나 안다. 그러나 이 질문에 대해서 어떻게 대답을 해야겠다고 생각을 하기는 하지만 미리 그 대답을 예행연습 해볼 정도로 준비를 하기는 쉽지 않을 수도 있다. 래리 킹은 그런 경우들에 대해서 예행연습을 해보라고 권한다. 누군가에게 면접관의 역할을 맡아달라고 부탁한 다음, 실제와 마찬가지의 옷차림과 태도로 면접을 사전연습해 보라는 것이다. 래리 킹은 이런 사전 연습이 큰 효과가 있다고 조언한다.

같은 맥락에서 래리 킹은 직장을 구하는 면접에서 미리 적절히 준비해서 "당신의 특징을 말하지 말고 당신의 장점을 이야기하라"라는 충고를 한다. 케네디 대통령의 표현을 빌면 "고용주가 당신에게 무엇을 해 줄 것인지 묻지 말고 당신이 그를 위해서 무엇을 해 줄 수 있는지 물어라"라는 것이다. 이력을 말하기보다는, 내가 다른 사람보다 그 일을 어떻게 더 잘 할 수 있는지, 나를 채용함으로써 회사에 어떤 이익이 있는지를 말해야 한다는 것이다.

입사면접의 전문가 김준영이 쓴 책 『취업면접비법』은, 회사에 취직하기 위해 면접을 할 경우에, 면접관들 앞에서 ① 해당산업의 고민거리 ② 자신의 강점이 어떻게 도움을 줄 수 있는가 ③ 강점을 바탕으로 한 포부 등으로, 또는 ① 직무와 관계된 경험 ② 경험을 통한 깨달음 ③ 지원회사에서의 목표 등의 순서로 보다 구체적인 내용을 말할 수 있도록 준비하라고 조언한다. "저는 친구들도 많고 알바 경험도 많습니다. 열심히 하겠습니다." 정도의 말로는 부족하다는 것이다. 가령 이런 식으로 말을 할 수 있도록 준비가 되어 있어야 한다고 그는 자신의 저서를 통해 충고한다.

안녕하십니까, 지원자 ○○○입니다.
지금 우리의 은행산업이 금융위기를 극복하고 새롭게 발전하기 위해 가장 필요한 것은 비이자 부문의 수익성 강화를 통한 Cash Cow 확보라고 생각합니다.
이를 위해 저는 소매금융을 담당하면서 고객과의 접점에서 고객의 요구에 귀 기울여 새로운 수익아이디어를 창출하는 데 최선을 다하겠습니다. 대학교 축제기간에 이벤트 소금판매로 매출 300만원 달성, 방학 때 아르바이트를 하면서 물류원가 80만원 절감 등 아이디어 마법사라는 별명을 얻을 만큼 새로운 아이디어 창출에 자신 있었습니다.

저의 이러한 강점을 바탕으로 자통법 시행 등 새로운 국면으로 변화하는 은행권에서 수익성 다변화를 통한 안정적 발전에 보탬이 되는 인재가 될 것을 약속드립니다. 이상입니다.

안녕하십니까, 지원자 ○○○입니다.

대학교 3학년 여름방학 때 가정용 정수기 텔레마케팅 아르바이트를 한 적이 있습니다.

아웃바운딩 CRM을 처음 접해보면서 체계화된 시스템 인터페이스의 중요성에 대해 깨달았던 중요한 경험이었습니다.

이제 CRM 분야에서 기업고객이 요구하는 키워드는 통합이라고 생각합니다. 이런 변화에 발맞추어 ○○○의 솔루션엔지니어로서 유무선 음성과 컨텐츠를 결합한 독특하고 경쟁력 있는 CRM솔루션을 만들어 보고 싶습니다.

아직은 많이 부족하지만 늘 배우는 자세로 저의 업무를 수행해 나가겠습니다. 이상입니다.

내가 직장을 구하는 것은 나 자신을 그 누군가에게 판매하는 것과 같다. 래리 킹은 판매를 위한 화술의 경우에도 이미 이야기된 것과 같은 원리를 적용하라고 조언한다. 즉, "제품의 '특징'을 팔려고 하지 말고 '장점'을 팔려고 하라"는 것이다. 가령 토스트 기계를 팔면서 그 기계 안에는 무슨 무슨 특수한 마이크로 칩이 들어가서 빵이 구워지는 정도를 일정하게 유지해 준다는 둥의 말을 하지 말고, 맛있게 잘 끓여진 커피 한 잔과 노랗게 잘 구워진 빵이 차려진 멋진 아침 식탁을 이야기하라는 것이다. 마찬가지로 보험의 경우는, 보험료가 어떻고 거기에 가입하면 어떤 혜택이 있는지를 설명하지 말고, 그 보험에 가입하면 부인과 자녀가 어떻게 안심할 수 있게 되는지에 대해서 이야기하라고 한다.

연습 문제

1. 동료와 서로에게 '면접관'이 되어서 상대방이 대답할 준비가 되었을 질문을 해 본다.
   예) "우리 회사에 대해서는 어떻게 알게 되었습니까?"

2. 서로에게 '면접관'이 되어서 상대방이 미처 대답을 준비하지 못했을 것 같은 질문을 해본다.
   예) "우리 회사에 지원하기 전에는 어떤 회사들에 시험을 봤다가 떨어졌어요?"

평소에 우리는 어떤 방식으로 말하기 훈련을 할 수 있을까? 래리 킹은 집에 있는 반려동물들, 그러니까 강아지, 고양이, 새, 금붕어 등을 상대로 말을 하는 것도 훌륭한 연습방법이 될 수 있다고 권한다.

신은경 아나운서 같은 경우는, 그녀의 저서 『신은경의 차차차!』에서 밝히기를, 그 자신이 최고의 영예를 누렸던 방송인임에도 불구하고 아직도 자신이 좋아하는 유명인이나 정치인들이 말을 하는 방식을 그대로 따라하는 "섀도잉" 방식을 통해서 말하기를 훈련한다고 한다. 2-3초 정도의 시차를 두고 그들의 말투와 몸짓을 따라해 본다는 것이다.

그리고 그녀는 자신만의 기호를 사용하여 말할 내용의 대본을 만들기도 한다고 한다. 가령 예를 들어 I (I, 나) Y (You, 당신) ♡ (사랑한다) 같은 식의 기호를 사용하여 I Y ♡라고 기호로 표기해 놓는 식의 방식을 사용하여 "나는 당신을 사랑합니다." 같은 내용을 적어두면 여러 페이지의 대본을 만들어야 할 내용이 종이 한 장의 메모로 정리되기도 하고, 자신이 무슨 말을 할지 그 내용을 남들에게 누설하지 않게 되기도 한다는 것이다.

원래는 음악을 전공했지만 이제는 "스타 강사"로 불려지는 김미경이 권하는 방법도 말하기와 관련하여 한 번 참고해 볼만한 방법이다. 자신의 스피치를 연습할 때, 원고를 읽으면서 "손으로 말을 지휘"해 보는 것이다. 크게 할 때는 손을 크게 휘두르고 말을 작게 할 때는 손을 작게 휘두르고, 끊어서 읽을 때는 끊는 동작을 하는 식으로, "스스로 지휘자라고 생각하고" 손을 움직이면서 연습을 해 보는 것도 좋다고 김미경은 권한다.

연습 문제

나만의 기호를 사용해서 한 문단 정도의 연설문을 작성해 보자.

이러한 연습들을 통해서, 혹은 우리 스스로 개발한 어떤 방법들을 통해서 우리는 우리의 의사전달 기술에 더욱 도움을 받을 수 있을 것이다. 그러나 무엇보다도 중요한 것은 자신감을 가지려고 노력하는 일일 것이다. 우유부단함이나 나약함은 신중함이나 사려 깊음과는 다르다는 것을 명심하면서 자기 자신의 능력을 신뢰하고 굳센 마음을 품도록 하자.

그러면서, 자기도 모르게 소심해져서 입을 가리고 말을 하게 된다거나 코를 만지면서 말을 하게 된다거나 하지 않도록 주의하자. 그리고 입을 크게 벌리며 말을 하고, 얼버무리듯이 말을 하지 않도록 노력하자.

우리가 다소 수줍어하고 자신 없어 하는 것은 우리 자신을 겸손하게 만들고 우리의 말이 허세를 덜 담아 진정성을 더 갖도록 만드는 좋은 현상일 것이다. 자신감이 있다고 건방져져서, 친근함이나 노련함을 표시 하겠다고 자신의 청중에게 경어를 사용하지 않고 반말을 툭툭 내뱉는 강사나 연사들의 모습을 우리는 종종 보게 된다. 아니면 자기 혼자서만 신이 나서 도취되어 떠드는 사람들도 있다. 많은 사람들이 이런 경우들을 보면서 불쾌감을 느끼거나 당황스러움을 느끼게 되지만 그냥 참고 지나간다. 지나친 자신감을 가지고 있지 않은 우리들은 겸손함과 진실로써, 그 누구도 흉내 낼 수 없는 매력적이고 효과적인 의사소통을 이루어 낼 수 있게 될 것이다.

연습 문제

> 1분 길이의 스피치, 혹은 3분 길이의 스피치를 하는 자신의 모습을 동영상으로 촬영해 보고 자신의 말과 말하는 모습에서 개선되어야 할 것은 무엇인지 생각해 보자.

그러한 가운데 우리는 KISS라는 이상을 추구하도록 하자. 이것은 래리 킹도 자신의 저서에서 권하는 것으로서, 위대한 연설가들의 공통적인 원칙이다. KISS는 "Keep It Simple, Stupid.", 즉 "단순하게 해야지, 멍청아."라는 말을 줄인 것인데, 진부하거나 과장된 표현, 현학적이거나 전문적인 표현 같은 것을 사용하지 않으면서 "평이하고 단순한 표현으로" 의사전달을 하자는 뜻을 담고 있다.

비록 자신이 KISS라는 용어를 사용하고 있지는 않지만, 제프리 제임스는 자신의 책『왜 회사에서는 이상한 사람이 승진할까?』에서 길고 어려운 말들의 나열을 간단하고 쉽게 바꾼 예들을 소개함으로써, 우리가 KISS란 어떠한 것일지를 이해하는 데에 도움을 주고 있다. 제프리 제임스가 제시하고 있는 다음의 "부적절한" 예들과 "적절한 예"들을 참고해 보도록 하자.

〈부적절한 예〉

'최고그룹'은 중소기업을 대상으로 이동 중인 차량을 추적, 관리, 자동화할 수 있는 GPS 정보를 제공합니다. '최고그룹'이 제공하는 데이터와 자료를 바탕으로, 고객 만족도와 생산성을 제고할 수 있게끔 가시성과 실천 정보를 이용해 차량을 적절히 활용할 수 있습니다.

〈적절한 예〉

'최고그룹'은 배달용 트럭의 위치를 파악하고 길 찾기 서비스를 제공하는 위치 추적 시스템을 구축해 드립니다. 트럭 수를 늘리지 않고도 더 많은 고객을 만족시킬 수 있어 비용이 대폭 줄어듭니다.

〈부적절한 예〉

외부 상황에 초점을 맞추려면 내적으로, 또 외적으로 눈을 돌려야 합니다. 고객사 및 내부 직원이 모두 발맞추어야 하는 것입니다. 최선의 성과를 이끌어 내야 하는 사람들끼리 공동의 목표 아래 내부적으로 협력해야 하며 영업팀에 제품을 넘기고 결과가 나오기를 기다리지 말고 영업 사이클에 맞추어 보다 높은 경쟁력을 구축할 수 있도록 적극적으로 접근해야 마땅할 것입니다.

〈적절한 예〉

영업 교육이 실제로 효과가 있었는지 매출 변동을 기준으로 확인해야 합니다.

〈부적절한 예〉

24나노미터 크기 부품에서는 그리 문제가 되지 않는 쌍전자간섭 현상이 12나노미터 크기 부품에서는 과부하를 일으킬 수 있습니다.

〈적절한 예〉

현재 쓰이는 부품의 절반 크기이며 머리카락의 8,000분의 1보다 더 얇은 전자부품이 든 컴퓨터 칩은 불안정할 수 있습니다. 이들 부품이 만들어 내는 전자기장이 서로 간섭을 일으킬 수 있기 때문입니다. 전자레인지 옆에 서서 휴대폰으로 통화할 때 지지직거리는 소리가 들리는 것과 같은 현상입니다.

KISS를 근래에 가장 잘 실천한 사람으로서는 미국의 오바마 전대통령이 많은 사람들에 의해 예로 들어지고 있다. 인터넷으로 검색해 보면 그의 연설문들의 예들에 쉽게 접근할 수 있다. 관심이 있는 사람들은 그 연설문들을 읽어 보며 자신의 말하기에 참고하도록 하자.

■ 엘버트 허바드(Elbert Hubbard)가 주는 다음의 현명한 충고를 새겨 들어라. 그리고 실천하라.

"문 밖으로 나설 때는 턱을 끌어당기고, 머리를 치켜 세우며, 가슴 가득 햇살을 들이마셔라. 친구들에게 미소로 인사하며 모든 악수에 정성을 다하라. 오해 받을까 두려워하지 말고, 한 순간이라도 당신의 적들을 생각하면서 허비하지 말라. 당신이 하고 싶은 일을 마음 속에 굳건히 간직하려 노력하라. 그리고 방향을 틀지 말고 목표를 향해 나아가라. 당신이 하고자 하는 그 위대하고 빛나는 것만 생각하라. 그러면 시간이 흘러간 다음 당신이, 열망하는 것을 이룰 기회를, 자기가 필요로 하는 요소를 바닷물에서 빨아들이고 있는 산호충처럼, 저절로 얻고 있음을 깨닫게 될 것이다. 당신 스스로 되기를 원하는 능력있고, 성실하며, 유용한 인간상을 마음 속에 그려라. 그러면 그 생각이 당신을 바로 그런 사람으로 만들어 줄 것이다. … 생각은 위대하다. 옳은 마음가짐을 유지하라. 용기와, 정직과, 바람직한 유쾌함을. 긍정적으로 생각하는 것은 창조하는 것이다. 모든 것은 열망을 통하여 온다. 그리고 모든 진실된 기도는 응답을 받는다. 우리는 우리가 생각하는 대로 된다. 턱을 끌어당기고 머리를 곧추 세워라. 우리는 곧 허물을 벗고 신(gods)이 될 것이다."

(Dale Carnegie 저, How to Win Friends and Influence People 에서)

참고한 자료들의 목록[*]

강수진 역. 〈몽테 크리스토 백작〉 (오세준, 강수진 편역. 『멜로드라마2』)

강수진 역. 〈레드 라이트 윈터〉

고려문학사 편집부 편. 『화술박사』

국립국어원. 『한국 어문 규정집』 (2018)

국립국어원 보도 자료. 「이제부터는 '분빠이'하지 말고 '각자내기'합시다! - 국립국어원, '꼭 가려 써야 할 일
　　　　　본어 투 용어 50개' 발표」

김미경. 『김미경의 아트 스피치』

김용락. 『현대희곡론』

김준영. 『취업면접비법』

김창범, 선종욱. 『리더십 혁신: 코칭하라』

래리 킹. 『대화의 법칙』

레일 라운즈. 『사람을 얻는 기술』

로먼 크르즈나릭. 『인생학교: 일』

로버트 차알디니. 『설득의 심리학』

롤프 브레드니히. 『위트 상식사전』

매일신문. "[사투리 만세-서울말만 국어라고?④] 사투리 많이 쓴 김영삼 대통령"
　　　　　(http://news.imaeil.com/NewestAll/2016012000400987074))

샘 리스. 『레토릭: 세상을 움직인 설득의 비밀』

샘 혼. 『함부로 말하는 사람과 대화하는 법』

송기용. 『누구나 현장에서 바로 쓰는 감성 세일즈 화법』

송길원. 『유머, 세상을 내 편으로 만드는 힘』

시실리 베리. 『배우와 목소리』

신은경. 『신은경의 차차차!』

오마이뉴스. "이회창 '빠순이…' 발언 구설수"
　　　　　(http://www.ohmynews.com/NWS_Web/View/at_pg.aspx?CNTN_CD= A0000075586)

오세준. 『연극, 그 상상력의 틈새』

오세준 역. 〈이르쿠츠크에서〉 (오세준, 강수진 편역. 『서양명작희곡선 II』)

---

[*] 이미 서문에서 밝힌 대로 이 책에서는 학문적 방식의 주석 달기나 참고문헌 표기가 추구되지 않았다. 여기에 나열되어 있는 자
　료들의 목록도, 학문적 관행을 따른 방식이 아니라 독자들이 보기에 편한 방식으로 저자들이 표기한 것이다.

오카다 다카시. 『상처받는 것도 습관이다』

용혜원. 『성공을 부르는 웃음, 유머』

이민규. 『끌리는 사람은 1%가 다르다』

이영란, 유승희, 오세준. 『배우의 품격 I』

이훈종. 『오사리 잡놈들』

임붕영. 『1% 리더만 아는 유머 대화법』

전성일. 『화술의 힘』

제프리 제임스. 『왜 회사에서는 이상한 사람이 승진할까?』

조신영, 박현찬. 『마음을 얻는 지혜: 경청』

최병학. 『방송화술 NEW』

케빈 호건. 『파워풀 커뮤니케이션』

크리스틴 링클레이터. 『자유로운 음성을 위하여』

한겨레. "'미니스커트는 짧을수록 좋아' 송영무 국방장관 또 구설"
        (http://www.hani.co.kr/arti/politics/defense/820873.html)

홍성현. 『유머 잘하는 사람이 세상을 리드한다』

EBS제작팀, 김종명. 『설득의 비밀』

JTBC 뉴스. "JSA 찾은 송영무 국방장관, '미니스커트' 발언 논란"
        (http://news.jtbc.joins.com/article/article.aspx?news_id=NB11555096)

Christin Linklater. *Freeing the Natural Voice*

Dale Carnegie. *How to Win Friends and Influence People*

Larry King. *How to Talk to Anyone, Anytime, Anywhere*

Louis Colaianni. *The Joy of Phonetics and Accents*